見る力

やり取りの力

聞く力

伝える力

まねする力

0〜5歳児
発達が気になる子の
コミュニケーション力育て

5つの力からアプローチ

山本淳一・監修　松﨑敦子・著

Gakken

コミュニケーション力を高めるには、子どものよい行動に焦点を当てましょう

　日々の子どもとのかかわりで、悩んでいる保育者の皆さんも多いと思います。「なぜ、この子は言うことを聞かないのだろう」「なんで自己主張ばかり？」「どうしてすぐに感情を爆発させるのか」などなど。

　一般に、苦手なことを無理にさせられると子どもは嫌がり、保育者もこのままでいいのかと不安になります。すると、子どもにも保育者にも笑顔がなくなります。

　また、保育者が子どもの行動の問題を気にすると、それを減らそうとするかかわりが多くなりがちです。その結果、子どもは感情的になり、保育者の感情も揺さぶられてしまいます。「気になる行動」を「気にしすぎる」と、「気になる行動」が増えてしまうのです。

　では、どうすればよいか？　子どものコミュニケーション力を高めることに集中しましょう。

　子どものコミュニケーション力を高めるためには、目の前の子どもを丁寧に見て、その発達と行動を見極めることが大切。本書には、多様な子どもたちが登場し、その子の発達や行動をどのように捉え支援していくか、その道筋を紹介しています。さまざまなケースの読み取りと、対応や支援方法を参考に、できるところからスタートしてください。

山 本 淳 一

子どもの発達と保育者の働きかけを分析して、
ベストなかかわり方を見つけましょう

　園や療育機関を訪問した際、「子どものコミュニケーション力を伸ばしたいけど何から始めればよいかわからない」「自分のかかわりが適切なのか不安になる」というご相談を非常に多くいただきます。

　お答えするにあたり、私はお子さんのことについて細かく質問します。「指差しはしますか？」「先生の口元を見ますか？」などです。そして保育者ご自身のことについても細かくお聞きします。「先生はそのときどのように声をかけましたか？」「先生以外の人にはどうですか？」などです。こうした質問を繰り返す中で、私はお子さんの発達を把握し、保育者のかかわりの機能（はたらき）を分析して「ベストなかかわり方」を考え、お伝えしてきました。

　この本では、その「ベストなかかわり方」を導き出すプロセスを、事例を通して示しています。5つの視点でお子さんの発達を確認し、行動発達心理学の視点から状況を分析し、仮説を立て、「ベストなかかわり方」を考えます。事例をいくつか試してうまくいきそうな感覚がつかめたら、その後はぜひ皆様ご自身で「ベストなかかわり方」を考え、どんどん試してみてください。お子さんとのかかわりが自由にそして自信に満ちたものになりますよう本書をお役立ていただければうれしいです。

　　　　松﨑敦子

Contents

はじめに ……… 2

コミュニケーション力を構成する5つの力

Part.2
0.1.2歳児の コミュニケーション力育て

3.4.5歳児の コミュニケーション力育て

part.1

コミュニケーション力を構成する

5つの力

子どものコミュニケーション力を構成する
「見る力」「聞く力」「まねする力」「伝える力」「やり取りの力」。
まずは、この5つの力それぞれについて解説します。

子どもの コミュニケーション力とは……

発達に遅れや偏りのある子どもの多くに、
コミュニケーション力のつまずきがあるといわれます。
では、子どものコミュニケーション力とは何か……。
ここでは、

「見る力」「聞く力」「まねする力」「伝える力」「やり取りの力」

の **5つの力** から構成されると考えます。

子どもの困った行動、気になる様子が見られたとき、
「この5つの力はどうかな？」と考えるところから始めてみましょう。
すると、
子どもが今、何に困っているのかがわかり、
そこから、その子どもに合った支援が見えてきます。

コミュニケーション力を構成する **5つの力**

見る力
→P.10

人や物を集中して見る力。コミュニケーション力の基礎の基礎。まずは、人が見ているものを見る力がつき、その後、自分の見ているものを人に知らせるようになります。

聞く力
→P.12

周囲の音や人の話し声に注意を向け、その意味や話の内容を理解する力。自分の名前が呼ばれたことを理解したり、言われたことに従ったり、人とのかかわりの基礎になります。

やり取りの力
→P.18

協力したり、順番を守ったりする中で必要となる、人とやり取りをする力。社会の中で生活する際の基本となります。子どもは毎日の生活を通して、この力を養っていきます。

まねする力
→P.14

動作や音声、言葉をまねする力。すべての学びはまねから始まるといわれるくらい大切な力。まねする対象は、動作や表情、音声などいろいろな種類があります。

伝える力
→P.16

見たり、聞いたり、考えたりしたことを伝える力。表情や動作など言葉以外でのコミュニケーションも含みます。言葉には、喃語から単語、二語文、三語文と、段階があります。

見る力

物や相手を「見る力」は、コミュニケーションの基礎です。
はたして、見ることがコミュニケーションに
どうつながるのでしょうか。

「見る力」ってなんだろう？

　「見る力」は大きく2種類に分けられます。1つは、「人やおもちゃなど1つの所を見る力」、そしてもう1つは、「指さしや視線の先を見る力」です。前者は認知面の発達に関係し、後者は社会性の発達に関係しています。

　このうち、コミュニケーションの発達において非常に重要となるのが、「指さしや視線の先を見る力」。専門用語では共同注意と言います。日常の生活やあそびの中で、保育者が指さしをしながら「あっちへ走ろう」「この辺をよく見てね」などと伝えることがよくあると思いますが、この力が弱い子どもも多く、そのため、保育者の指示がわからないという場合があります。日々の生活の中で少しずつその力をはぐくんでいく必要があるでしょう。

見る力

人や物など
1か所を
見る力

指さしや
視線の先を
見る力・
共同注意

●「見る力」チェックリスト

「見る力」のチェック項目として、0.1.2歳児・3.4.5歳児、それぞれ10項目ずつあります。
子どもの年齢に合わせてチェックを行います（チェックの仕方の詳細はP.20参照）。

※よくある＝2点、時々ある＝1点、ない＝0点

0.1.2歳児

1	人の顔をじっと見る。	
2	あそんでいるときやうれしいときに、笑顔で視線を合わせる。	
3	絵本、おもちゃなどをじっと見る。	
4	おもちゃや人の動きを目で追う。	
5	ほかの子のことを、興味をもって見る。	
6	本の中の絵や写真を指さすと、指さした所を見る。	
7	「ワンワン」「消防車」などと言いながら遠くにある物を指さすと、その方向を見る。	
8	興味をもった物を指さして、相手に見せようとする。	
9	好きな物、おもちゃ、絵本を大人に見せようと持ってきたり、大人をその場所に連れて行ったりする。	
10	集中してあそんでいても、周囲の状況に応じた反応をする （好きな保育者が見当たらなかったら探そうとする　など）。	
	見る力　計	

3.4.5歳児

1	ボールや人の動きを目で追う。	
2	1対1のかかわりの場面で相手の顔を見る。	
3	あそんでいるときやうれしいときに、笑顔で視線を合わせる。	
4	大人が指さした所に注目する。	
5	遠くの物（車・飛行機など）を指さした方向に注目する。	
6	興味をもった物を持ってきて他者に見せようとしたり、その場に連れて行ったりする。	
7	興味をもった物を指さして、相手に見せようとする。	
8	あそびに集中していても、周囲の状況に気づく。	
9	紙芝居や絵本に最後まで注目し続ける。	
10	集団場面で話し手に注目し続ける。	
	見る力　計	

聞く力

ここでいう「聞く力」とは、聴力とは少し違い、言葉の理解の芽も含んでいます。人の話を聞くことから始まる、コミュニケーションとしての聞く力とはどういうものでしょうか。

「聞く力」ってなんだろう？

「聞く力」は、大きくは「物の名前を理解する力」「指示の言葉を理解する力」「文章を理解する力」の３つに分けられます。そのため、「聞く力が弱い」と評価される子どもへの対応法も、どの部分が苦手かによって変わってきます。

例えば、「物の名前を理解する力」に働きかけるには、子どもの興味や身近な物から新しい語いを教えるようにします。「指示の言葉を理解する力」の場合は、子どもの注意を引いてから話しかける、見通しをもたせる、ジェスチャーや手本を見せるなどといった工夫が必要です。そして「文章を理解する力」が弱い場合は、１つの文を短くし、わかりやすく話すことが大切になります。

対応を考えるには、子どもの行動を細かく理解することが不可欠なのです。

聞く力

かわいいねー
ねこ
ボール

物の名前を
理解する力

指示の言葉を
理解する力

文章を
理解する力

〇〇ちゃん

帽子をかぶって

● 「聞く力」チェックリスト

「聞く力」のチェック項目として、0.1.2歳児・3.4.5歳児、それぞれ10項目ずつあります。
子どもの年齢に合わせてチェックを行います（チェックの仕方の詳細はP.20参照）。
※よくある＝2点、時々ある＝1点、ない＝0点

0.1.2歳児

1	名前を呼ばれると、相手を見たり返事をしたりする。	
2	「ママ」「先生」など人の名前を言うと、その人を見たり指さしたりする。	
3	身体部位の名称（頭・鼻など）を言うと、そこを見たり指さしたりする。	
4	身近な食べ物、飲み物の名称を言うと、それを見たり指さしたりする。	
5	普段目にしている動物やキャラクターの名前を言うと、手に取ったり指さしたりする。	
6	身の回りの物の名称（帽子、靴など）を言うと、手に取ったり指さしたりする。	
7	簡単な色の名称を言うと、手に取ったり指さしたりする。	
8	身振りを伴う簡単な指示（「ちょうだい」「立って」など）に応じる。	
9	二語文の指示（「○○先生に渡して」「ここに入れて」など）に応じる。	
10	「おしまい」「止まって」などの指示に応じる。	
	聞く力　計	

3.4.5歳児

1	名前を呼ばれると、相手を見たり返事をしたりする。	
2	身体部位の名称（頭・鼻など）を言うと、そこを見たり指さしたりする。	
3	身の回りの物の名称（靴・トイレなど）を言うと、そこを見たり指さしたりする（20種類程度）。	
4	食べ物の名前を言うと、それを手に取ったり指さしたりする（20種類程度）。	
5	「しないで」「待って」などの指示に応じる。	
6	身振りを伴う簡単な指示（「ちょうだい」「立って」など）に応じる。	
7	二語文の指示（「○○先生に渡して」「上に置いて」など）に応じる。	
8	2つの連続した指示（「いすを片付けてから、ドアの所に並んで」など）に応じる。	
9	集団場面での指示に応じる。	
10	あそびに集中しているときでも、話しかけると適切に反応する。	
	聞く力　計	

まねする力

動きをまねることで体の使い方を学び、
物の使い方をまねることで生活の幅が広がる。
言葉をまねることで語いが増える。
「まねする力」は、コミュニケーションを豊かにする
大切な力です。

「まねする力」ってなんだろう？

　ひと言で「まねする力」といっても、いろいろあります。例えば、体を使った大きな動きをまねする「粗大模倣」や、指先などの小さな動きをまねする「微細模倣」。顔の表情をまねする「表情模倣」、物を使った「操作模倣」、そして音や声・言葉をまねする「音声模倣」などがあります。

　言葉を話すことも、食事や着替えなどの身辺自立も、おもちゃあそびも、すべて「まねすること」から始まりますが、これは粗大模倣、微細模倣、表情模倣、操作模倣、音声模倣の複合体なのです。

　「まねする力」が弱い子には、どの模倣のどの部分が難しいのかを細かく確認してかかわることが必要です。

　どの模倣を教える場合も、

①子どもの注意を引いて
②1つずつの動きを練習してから
③連続させる

　の3ステップを意識しましょう。

まねする力　粗大模倣　微細模倣　表情模倣　操作模倣　音声模倣

●「まねする力」チェックリスト

「まねする力」のチェック項目として、0.1.2歳児・3.4.5歳児、それぞれ10項目ずつあります。
子どもの年齢に合わせてチェックを行います（チェックの仕方の詳細はP.20参照）。

※よくある＝2点、時々ある＝1点、ない＝0点

0.1.2歳児

1	手や腕の動き（バイバイ、ばんざい、拍手など）をまねする。	
2	指先の動き（グーパー、1・2など）をまねする。	
3	足の動き（ジャンプ、足踏み、くるくる回るなど）をまねする。	
4	手あそびをまねする。	
5	物（ミニカーや積み木など）を使ったあそびの動きをまねする。	
6	単音（ア、ウ、マ、バなど）をまねて言う。	
7	単語（ママ、クックなど）をまねて言う。	
8	二語文（「お茶ちょうだい」「電車、走ってる」など）をまねする。	
9	口の形（アーン、イー、舌を出すなど）をまねする。	
10	笑った顔、怒った顔など、表情をまねする。	
	まねする力　計	

3.4.5歳児

1	グー・チョキ・パーをまねする。	
2	ジャンプ・足踏み・くるくる回るなど、大きな動作をまねする。	
3	左右の異なる動き（右手は横、左手は上）をまねする。	
4	手あそびをまねする。	
5	保育者や友達のあそび方をまねする。	
6	笑顔や怒った顔など、表情をまねする。	
7	単語をまねて言う（10語程度）。	
8	二語文をまねて言う（「お茶ちょうだい」「電車、走ってる」など）。	
9	集団場面で前に出ている人（保育者など）のまねをする。	
10	集団場面で流れ全体をまねする。	
	まねする力　計	

伝える力

コミュニケーションにおいて不可欠な「伝える力」。
何をどう伝えるか、その内容や方法の広がりが、
伝える力の育ちにつながります。

「伝える力」ってなんだろう？

「伝える力」には、言語で伝える力と表情やしぐさなど非言語で伝える力があり、そのはたらき（機能）は「要求」と「叙述」に分けられます。

要求のはたらきとは、自分の欲しい物を、言葉や指さし、ジェスチャーを使って伝えること。

叙述のはたらきとは、見たこと、経験したこと、自分の気持ちなどを、言葉や指さし、アイコンタクトなどを使って報告することです。

伝える力を伸ばすには、動機づけを高くすることが重要。つまり「伝えたい」という気持ちを高めるのです。保育者に要求（お願い）して、すぐに応じてもらえる、また、叙述（報告）して喜んだり、驚いたりしてもらえると、さらに自分の思いや気持ちを伝えるようになります。伝える力が弱い子どもには、「伝えること」の必然を作り、適切に伝えることができたらすぐに褒めたり、対応したりすることを徹底していきます。

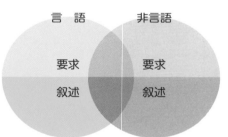

言語　非言語

伝える力

要求　要求

叙述　叙述

● 「伝える力」チェックリスト

「伝える力」のチェック項目として、0.1.2歳児・3.4.5歳児、それぞれ10項目ずつあります。
子どもの年齢に合わせてチェックを行います（チェックの仕方の詳細はP.20参照）。

※よくある＝2点、時々ある＝1点、ない＝0点

0.1.2歳児

1	欲しい物を、指さしや声で伝える。	
2	手助けが必要なときに、大人の手を引いたり、物を渡したりして伝える。	
3	名前を呼ばれると、手をあげたり、「はーい」と返事をしたりする。	
4	「ママ」「タタ」など繰り返しの言葉を言う。	
5	身体部位の名称（オメメ、ポンポンなど）を自分から言う（幼児語でも不明瞭でもよい）。	
6	身の回りの物の名称を自分から言う（幼児語でも不明瞭でもよい）。	
7	動物やキャラクターの名前を自分から言う（幼児語でも不明瞭でもよい）。	
8	欲しい物があるときに、「ちょうだい」や物の名前を言う（不明瞭でもよい）。	
9	「やって」「開けて」など手助けを求める言葉を言う。	
10	「先生、来て」「ボール、ちょうだい」など二語文で伝える。	
	伝える力　計	

3.4.5歳児

1	名前を呼ばれると「はーい」と返事をする。	
2	「ママ」「タタ」など繰り返しの言葉を言う。	
3	「バイバイ」「いただきます」などのあいさつを自分から言う。	
4	身体部位の名称を言う（5か所程度）。	
5	身の回りの物の名称を言う（10語程度）。	
6	欲しい物を言葉で要求する（10語程度）。	
7	「やって」「開けて」など、手助けを言葉で要求する。	
8	拒否の言葉（「やらない」「やめて」など）を使う。	
9	二語文（「ボールちょうだい」など）を話す。	
10	三語文（「大きい虫、見つけた」など）以上を話す。	
	伝える力　計	

やり取りの力

5つの力のうち、社会性の基本になるのが「やり取りの力」。
人とのかかわりを通してはぐくまれていきます。

「やり取りの力」ってなんだろう？

「やり取りの力」は、自分の意思を伝える、友達と協力する、ルールを守るなど、社会の中で生活するために必要な力で、これまで紹介してきた「見る力」「聞く力」「まねする力」「伝える力」を総合的に使いこなす力ともいえます。

例えば「伝える力」が育っても、それを適切に使えなければ、人とのコミュニケーションはうまくいきません。やり取りの力が育つと、集団生活に参加でき、あそびの幅が広がり、日常生活がストレスなくスムーズに送れるようになります。毎日の生活の中のいろいろな機会を使って、「やり取りの力」を育てていきましょう。

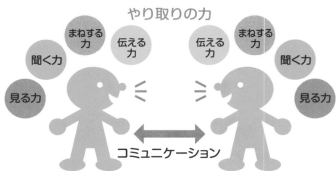

やり取りの力

まねする力　伝える力　伝える力　まねする力

聞く力　　　　　　　　　　　　　　　聞く力

見る力　　　　　　　　　　　　　　　見る力

コミュニケーション

●「やり取りの力」チェックリスト

「やり取りの力」のチェック項目として、0.1.2歳児・3.4.5歳児、それぞれ10項目ずつあります。
子どもの年齢に合わせてチェックを行います（チェックの仕方の詳細はP.20参照）。

※よくある＝2点、時々ある＝1点、ない＝0点

0.1.2歳児

1	あそぶと、笑って喜ぶ。	
2	おもちゃや絵本などで、一人であそぶ。	
3	見立てあそびをする。	
4	あそんでほしいときに、自分からおもちゃや絵本を持ってきたり、「やって」「あそぼ」などと言ってあそびに誘う。	
5	1つのおもちゃで、ほかの人と一緒にあそぶ。	
6	おもちゃがなくても、ほかの人と一緒にあそぶ（おいかけっこ、手あそび歌など）。	
7	簡単なお手伝いをしようとする。	
8	ほかの人と、おもちゃの交換をする。	
9	おもちゃや遊具などの順番を待つ。	
10	「おしまい」「あとで」など、あそびを区切る動作や、はっきりした言葉の指示に応じる。	
		やり取りの力 計

3.4.5歳児

1	保育者から離れてほかの子どもとあそぶ。	
2	自分から「あそぼう」「入れて」など声をかける。	
3	1つのおもちゃでほかの子どもと一緒にあそぶ。	
4	おもちゃがなくても、ほかの子どもと一緒にあそぶ（おいかけっこ・くすぐりっこなど）。	
5	ほかの子どもとおもちゃの交換をする。	
6	おもちゃや遊具などの順番を待つ。	
7	あそびの中での役割分担をする（オニ役・お母さん役など）。	
8	「○○してから△△しようね」の指示に、かんしゃくを起こさずに応じる。	
9	予定が変わっても、説明すればかんしゃくを起こさずに応じる。	
10	「おしまい」「あとで」など、あそびを区切る言葉の指示に応じる。	
		やり取りの力 計

この本の見方・使い方

本書は、子どものコミュニケーション力について、5つの力の視点からチェックを行い、その結果と、子どもの姿とを照合して、適切なかかわり方を導き出しているものです。
事例として、0.1.2歳児が11ケース、3.4.5歳児が10ケースの、計21ケースを挙げ、それぞれ右下のような流れで、解説をしています。

③ 5つの力それぞれの合計点をマークしてレーダーチャートを完成させる。

5つの力それぞれの合計点を、レーダーチャートにマークして、五角形を完成させたもの。

④ ❶〜❸を踏まえ、専門的視点からの読み取り。

その子の年齢、姿、チェックの数値などを踏まえた上での、行動発達心理学の専門的観点からの読み取り。

❶ ケースの紹介。

担当保育者から見た、その子の気になる様子と保育者の対応。

② 5つの力のチェックを行い、点数を記入する。

5つの力のチェック項目と、本ケースの点数。
よくある＝2点、
時々ある＝1点、
ない＝0点

Part.3

気になる **CASE 1**　Eちゃんは、とてもおとなしくて落ち着いた子どもです。

Eちゃん（3歳児）

でも、保護者の声かけがなければ動かず、ぼーっとしているようにも見えます。登園しても、靴は脱がず、かばんも肩にかけたまま。手伝えば嫌がらずに応じるのですが、自分からやろうとはしません。ほかの子とのかかわりもほとんどありません。困ることはないけれど、このままでいいの？と心配です。

そこで担任は…

一人でいることが好きなのかとも思いましたが、友達ともっとかかわってほしいので、「好きなおもちゃで自由にあそんでいいんだよ」と大きな声で呼びかけ、「一緒にあそぼう」と何度も誘っています。でも、あまりうれしそうではありません。恥ずかしがっているようには見えないけれど……。

行動発達心理学の視点から

点数の低い項目を見ると、集団場面で情報をキャッチし伝える力が弱いことがわかります。聞き取り、まねができないと、どう行動するのかもわかりません。

（レーダーチャート：見る力 18、聞く力 11、まねする力 13、伝える力 13、やり取りの力 14）

78

（P78〜、CASE 1を例として）

●〇〇〇チェックリスト

	ボールや人の動きを目で追う。	
2	1対1のかかわりの場面で相手の顔を見る。	
3	あそんでいるときやうれしいときに、笑顔で視線を合わせる。	2
4	大人が指さした所に注目する。	2
5	速く物（車・飛行機など）を指さした方向に注目する。	2
6	興味をもった物を持ってきて他者に見せようとしたり、その場に連れて行ったりする。	1
7	興味をもった物を指さして、相手に見せようとする。	1
8	あそびに集中していても、周囲の状況に気づく。	2
9	紙芝居や絵本に最後まで注目する。	2
10	集団場面で話しかけに注目し続ける。	2
	見る力 計	**18**

●聞く力 チェックリスト

1	名前を呼ばれると、相手を見たり返事をしたりする。	2
2	身体部位の名称（頭・鼻など）を言うと、そこを見たり指さしたりする。	1
3	身の回りの物の名称（靴・トイレなど）を言うと、そこを見たり指さしたりする（20種類程度）。	1
4	食べ物の名称を言うと、それを手に取ったり指したりする（20種類程度）。	1
5	「しないで」「待って」などの指示に応じる。	2
6	身振りを伴う簡単な指示（「ちょうだい」「立って」など）に応じる。	2
7	二語文の指示（「○○先生に渡して」「上に置いて」など）に応じる。	1
8	2つの連続した指示（「いすを片付けてから、ドアの所に並んで」など）に応じる。	0
9	集団場面で指示に応じる。	0
10	あそびに集中しているときでも、話しかけると適切に反応する。	1
	聞く力 計	**11**

●まねする力 チェックリスト

1	グー・チョキ・パーをまねする。	2
2	ジャンプ・足踏み・くるくる回るなど、大きな動作をまねする。	2
3	左右の異なる動き（右手は腰、左手は上）をまねする。	1
4	手あそびをまねする。	2
5	保育者や友達のあそび方をまねする。	2
6	怒った顔など、表情をまねする。	1
7	音をまねて言う（10語程度）。	0
8	二語文をまねて言う（「お茶ちょうだい」「電車、走ってる」など）。	1
9	集団場面で前に出ている人（保育者など）のまねをする。	1
10	集団場面で流れ全体をまねする。	1
	まねする力 計	**13**

20

⑤ チェックリスト
から注目ポイントを
ピックアップし、
気になる要因の仮説を
立てる。

注目すべき項目をピックアッ
プし、子どもの姿と照らし合
わせながら立てた仮説（「「○
○ということは、△△かもし
れない」）。

Pick up
身振りがあればわかるが、
集団場面だと伝わらない
ということは…

●言葉だけでは、何をすべきかわ
からないのかもしれない。
●みんなに向けた指示では、自分
に話されているとわからないの
かもしれない。

⑥ ⑤の仮説を基に、
その子への支援を
次ページで提案。

前ページで示した考え方
（仮説）に基づいた対応
例を紹介。

3.4.5歳児のコミュニケーション力育て

■見る力 チェックリスト
1	ボールや人の動きを目で追う。
2	1対1のかかわりの場面で相手の顔を見る。
3	あそんでいるときうれしいときに、笑顔で視線を合わせる。
4	大人が指さした所に注目する。
5	遠くの物（車・飛行機など）を指さした方向に注目する。
6	興味をもった物を持って「他者に見せようとしたり、その場に…。
7	興味をもった物を指さして、相手に見せようとする。
8	あそびに集中していても、周囲の状況に気づく。
9	紙芝居や絵本を、最後まで注目し続ける。
10	集団活動で話し手に注目し続ける。

■聞く力 チェックリスト
1	名前を呼ばれると、相手を見たり返事をしたりする。
2	身体部位の名称（頭・鼻など）を言うと、そこを見たり指さし…。
3	身の回りの物の名称（靴・トイレなど）を言うと、そこを見たり指さ…。
4	食べ物の名称を言うと、それを手に取ったり指さしたりする（2…
5	「しないで」「待って」などの指示に応じる。
6	身振りを伴う簡単な指示（「ちょうだい」「立って」など）に応じる。
7	二語文の指示（「○○先生に渡して」「上に置いて」など）に応じる。
8	2つの連続した指示（「いすをかた付けてから、ドアの所に並んで」…。
9	集団場面での指示に応じる。
10	あそびに集中しているときでも、話しかけると適切に反応する。

■まねする力 チェックリスト
1	グー・チョキ・パーをまねする。
2	ジャンプ・足踏み・くるくる回るなど、大きな動作をまねする。
3	左右の異なる動き（右手は横、左手は上）をまねする。
4	手あそびをまねする。
5	保育者のあそび方をまねする。
6	笑顔や怒った顔など、表情をまねする。
7	単語をまねて言う（10語程度）。
8	二語文をまねて言う（「おさようだい」「電車、走ってる」など）…
9	集団場面で前に出ている人（保育者など）のまねをする。
10	集団場面で流れ全体をまねする。

■伝える力 チェックリスト
1	名前を呼ばれると「はーい」と返事をする。
2	「ママ」「タタ」など繰り返しの言葉を言う。
3	「バイバイ」「いただきます」などのあいさつを自分から言う。
4	身体部位の名称を言う（10語程度）。
5	身の回りの物の名称を言う（10語程度）。
6	欲しい物を言葉で要求する。
7	「やって」など言葉で、手助けを言葉で要求する。
8	拒否の言葉（「やらない」「やめて」など）を言う。
9	二語文（「ボールちょうだい」など）を話す。
10	三語文（「大きい虫、見つけた」など）以上を話す。

■やり取りの力 チェックリスト
1	保育者と離れてほかの子どもとあそぶ。
2	自分から「あそぼう」「入れて」などと声をかける。
3	1つのおもちゃでほかの子どもと一緒にあそぶ。
4	おもちゃがなくても、ほかの子どもと一緒にあそぶ（あいかけっ…
5	ほかの子どもとおもちゃの交換をする。
6	おもちゃや道具などの順番を待つ。
7	あそびの中で役割分担をする（オニ役・お母さん役など）。
8	「○○してから→△△しよう」の順に、かんしゃくを起こさず応じる。
9	予定が変わっても、説明すればかんしゃくを起こさずに応じる。
10	「おしまい」「あとで」など、あそびを区切る言葉の指示に応じる。

Pick up
身振りがあればわかるが、
集団場面だと伝わらない
ということは…

●言葉だけでは、何をすべきかわ
からないのかもしれない。
●みんなに向けた指示では、自分
に話されているとわからないの
かもしれない。

Pick up
1対1ならまねできるが、
全体だとまねできない
ということは…

●周りの行動を見て、自然にまね
することができないのかもしれ
ない。

Pick up
「物」の要求はたまにするが、
「行動」の要求はしないと
いうことは…

●「自由に」「好きなように」「自分
で考えてね」と言われても、ど
うしていいのかわからないのか
もしれない。
●人とどうかかわったらよいのか
わからないのかもしれない。

Part.3

Eちゃんへの支援を考えてみよう

Pick up で示した考え方（仮説）に基づいて、Eちゃんへの支援を考えてみました。

聞く力
の視点から

●言葉だけでは、何をすべきか
わからないのかもしれない

↓

絵や写真を用いながら話しかける

絵や写真で「次の行動」を明確にします。持ち
物の置き場所に個人のマークを付けておいても。

片付けた状態の絵や写真を
見せながら、「靴をしまお
うね」「かばんをかけてね」
と指示する。

●みんなに向けた指示では、自分に話されて
いるとわからないのかもしれない。

↓

個別に指示をする

集団で指示した後、「Eちゃん」と声をかけて注意を
引いたうえで、やるべきことを個別に説明します。

まねする力
の視点から

●周りの行動を見て、自然にまねすることができないのかもしれない。

↓

できるところは自分でやるように促す

「お外に行くよ」だけでなく、「帽子をかぶって、靴を履いて、お外に行くよ」など
具体的に説明します。準備は手伝いながらも最後は子ども自身がするようにし、で
きたら褒めて達成感を。やってあげすぎると、子どもの学習機会を奪うことにもな
りかねません。

チェックして
みよう

本書で紹介している「コミュニケーション力チェック」を、ご自身でできるシートを作りました。下記のQRコードからダウンロードして使ってください。

チェックリスト（0.1.2歳児用・3.4.5歳児用）とレーダーチャートの用紙をダウンロードできます。

チェックの仕方

① チェックリストとレーダーチャートの用紙をダウンロード。チェックリストは、「0.1.2歳児用」「3.4.5歳児用」があるので、チェックしたい子の年齢に合わせたシートを使用する。

② チェックシートの全項目について、チェックを行い、点数を記入。
【よくある＝2点、時々ある＝1点、ない＝0点】
できれば、複数人で確認しながらチェックを行うとよい。

③ 5つの力それぞれの合計点を出し、レーダーチャートにマーク。五角形を作る。

チェック結果の活用の仕方

　チェックの結果をどう読み取り、どうかかわるか、そのヒントが、P24からの21ケースにちりばめてあります。例えば、ほかの力と比べて極端に低い力に注目し、その力を伸ばすよう考えるケースもあれば、逆に、比較的高めの力に注目し、そこを伸ばして自信をつけることを最優先するということもあります。また、五角形の形が似ているケースを本書から探して、そこでの解説を参考にするのもいいでしょう。

　なお、これは、子どもの能力を測定するものではありません。保育者がなんとなく捉えていたその子の育ちを見える化し、適切なかかわり方を考える1つのツールとして活用してください。

part.2

0.1.2歳児の コミュニケーション力 育て

0.1.2歳児でコミュニケーションを考えるのは早すぎる？
そんなことはありません。
この時期から、
コミュニケーション力をはぐくむかかわりはたくさんあります。
事例を通して見ていきましょう。

気になる CASE 1

Aちゃん（0歳児・8か月）

Aちゃんは、なかなか目が合わず、反応の薄い子どもです。

園に入ったばかりなので、慣れない環境に緊張しているのでしょうか？ その一方で、はじめての保育者に対しても特に人見知りすることもなく、保護者との分離不安もそれほどない様子。保護者は「いつもこんな感じです」と気にしていないのですが、あまりにも周りに興味がないので心配です。

行動発達心理学の視点から

低月齢のため全体的に数値は低くなりますが、音や声かけなど周囲からの刺激への反応が弱いのは少し気になります。「かかわると楽しい」というやり取りを増やすことで、徐々にまねする力、伝える力も育っていくでしょう。

見る力
聞く力
やり取りの力
伝える力
まねする力

4
1　1
0　0

そこで担任は…

Aちゃんの視野に入って声をかけているのですが、なんとなく視線をそらすようにしている印象。特にぐずる様子はないので困ることもないのですが、どのようにかかわればよいのかわかりません。おもちゃを渡したり体をくすぐったりしてみるのですが、反応が薄いので「嫌なのかな？」と思い、1人にさせることが自然に多くなってしまいます。

ウサギちゃんだよー

●見る力 チェックリスト

1	人の顔をじっと見る。	1
2	あそんでいるときやうれしいときに、笑顔で視線を合わせる。	0
3	絵本、おもちゃなどをじっと見る。	1
4	おもちゃや人の動きを目で追う。	1
5	ほかの子のことを、興味をもって見る。	0
6	本の中の絵や写真を指さすと、指さした所を見る。	0
7	「ワンワン」「消防車」などと言いながら遠くにある物を指さすと、その方向を見る。	1
8	興味をもった物を指さして、相手に見せようとする。	0
9	好きな物、おもちゃ、絵本を大人に見せようと持ってきたり、大人をその場所に連れて行ったりする。	0
10	集中してあそんでいても、周囲の状況に応じた反応をする(好きな保育者が見当たらなかったら 探そうとする など)。	0
	見る力 計	4

●聞く力 チェックリスト

1	名前を呼ばれると、相手を見たり返事をしたりする。	1
2	「ママ」「先生」など人の名前を言うと、その人を見たり指さしたりする。	0
3	身体部位の名称(顔・鼻など)を言うと、そこを見たり指さしたりする。	0
4	身近な食べ物、飲み物の名称を言うと、それを見たり指さしたりする。	0
5	普段目にしている動物やキャラクターの名前を言うと、手に取ったり指さしたりする。	0
6	身の回りの物の名称(帽子、靴など)を言うと、手に取ったり指さしたりする。	0
7	簡単な色の名称を言うと、手に取ったり指さしたりする。	0
8	身振りを伴う簡単な指示(「ちょうだい」「立って」など)に応じる。	0
9	二語文の指示(「○○先生に渡して」「ここに入れて」など)に応じる。	0
10	「おしまい」「止まって」などの指示に応じる。	0
	聞く力 計	1

●まねする力 チェックリスト

1	手や腕の動き(バイバイ、ばんざい、拍手など)をまねする。	0
2	指先の動き(グーパー、1・2など)をまねする。	0
3	足の動き(ジャンプ、足踏み、くるくる回るなど)をまねする。	0
4	手あそびをまねする。	0
5	物(ミニカーや積み木など)を使ったあそびの動きをまねする。	0
6	単音(ア、ウ、マ、パなど)をまねて言う。	0
7	単語(ママ、クックなど)をまねて言う。	0
8	二語文(「お茶ちょうだい」「電車、走ってる」など)をまねする。	0
9	口の形(アーン、イー、舌を出すなど)をまねする。	0
10	笑った顔、怒った顔など、表情をまねする。	0
	まねする力 計	0

●伝える力 チェックリスト

1	欲しい物を、指さしや声で伝える。	0
2	手助けが必要なときに、大人の手を引いたり、物を渡したりして伝える。	0
3	名前を呼ばれると、手をあげたり、「はーい」と返事をしたりする。	0
4	「ママ」「タタ」など繰り返しの言葉を言う。	0
5	身体部位の名称(オメメ、ポンポンなど)を自分で言う(幼児語でも不明瞭でもよい)。	0
6	身の回りの物の名称を自分から言う(幼児語でも不明瞭でもよい)。	0
7	動物やキャラクターの名前を自分から言う(幼児語でも不明瞭でもよい)。	0
8	欲しい物があるときに、「ちょうだい」や物の名前を言う(不明瞭でもよい)。	0
9	「やって」「開けて」など手助けを求める言葉を言う。	0
10	「先生、来て」「ボール、ちょうだい」など二語文で伝える。	0
	伝える力 計	0

●やり取りの力 チェックリスト

1	あそぶと、笑って喜ぶ。	0
2	おもちゃや絵本などで、一人であそぶ。	1
3	見立てあそびをする。	0
4	あそんでほしいときに、自分からおもちゃや絵本を持ってきたり、「やって」「あそぼ」などと言ってあそびに誘う。	0
5	1つのおもちゃで、ほかの人と一緒にあそぶ。	0
6	おもちゃがなくても、ほかの人と一緒にあそぶ(おいかけっこ、手あそび歌など)。	0
7	簡単なお手伝いをしようとする。	0
8	ほかの人と、おもちゃの交換をする。	0
9	おもちゃや遊具などの順番を待つ。	0
10	「おしまい」「あとで」など、あそびを区切る動作や、はっきりした言葉の指示に応じる。	0
	やり取りの力 計	1

Pick up

名前を呼ばれると
相手を見るが、
それ以外の声かけには
反応しないということは…

●動きや言葉が速すぎると、うまく情報をキャッチできないのかもしれない。
●単調な話し方だと、注意を向けにくいのかもしれない。

Pick up

一人あそびはするが、
人とのやり取りが
見られないということは…

●弱い刺激だと、情報が入りにくいのかもしれない。
●1つの刺激では、弱いのかもしれない。

Part.2

Aちゃんへの支援を考えてみよう

 で示した考え方（仮説）に基づいて、Aちゃんへの支援を考えてみました。

聞く力 の視点から

●動きや言葉が速すぎると、うまく情報をキャッチできないのかもしれない。

⬇

ゆっくりはっきり、子どもが見ている物を言葉に

ゆっくり、はっきり、繰り返し話しかけることを意識します。そのときに重要なのは、Aちゃんが見ている物の名前や動きを言葉にすること。こちらが見せたい物ではなく、Aちゃんが見ている物や興味をもっている物を言葉で説明するのです。

リンゴを食べているとき

> リンゴだね。おいしいね。

青いボールをじっと見ているとき

> ボール青いね。青いボール。

「ここに赤いボールもあるよ」ではなく、今、見ている物を言葉にする。

●単調な話し方だと、注意を向けにくいのかもしれない。

⬇

抑揚をつけて歌うように

発達年齢が小さい子には、発音をはっきりすることよりも、抑揚をつけて、歌うように話しかけることを意識したほうが注意を引きやすいでしょう。もし、一定の音域やメロディーだとAちゃんの注意が引きやすい、興味があるみたい、ということがわかったら、ほかの保育者や保護者にも伝えてみてください。

**やり取り
の力
の視点から**

●弱い刺激だと、情報が入りにくいのかもしれない。

↓

好きな刺激を探して

着替えの時間などを利用し、体の各部位をマッサージして、Aちゃんが喜ぶポイントを探しましょう。リズムをつけて手のひら全体で押したり、さすったり、足の裏をもんだり、さまざまな刺激をしてみてください。そして喜ぶポイントがあれば、「気持ちいいね」「スリスリね」などと声をかけ、保育者の顔を見るようであれば「♪○○先生、マッサージ」など歌うように楽しく行ってみましょう。

モミモミ〜

●1つの刺激では、弱いのかもしれない。

↓

五感＋固有覚も刺激して

Aちゃんの手を取って動かしながら手あそびをしましょう。そのとき保育者の顔がAちゃんの視野の中に入るようにして、視覚、聴覚、触覚、そして体の感覚である固有覚※を同時に刺激していきます。この「同時に」が大切。手足を触られるのを嫌がるなら、保育者の膝の上で弾ませながら歌うだけでもOK。もし保育者の視線を避けるようなら、反対向き（子どもを後ろ側から抱っこする形）でも構いません。

※固有覚：関節、筋肉、腱の動きから、体の各部位の位置、運動の状態、体に加わる抵抗、重量を感知する感覚。心理学では内受容感覚という。

おてて
パタパター

鳥さ〜ん

保育者の視線を避けるようなら後ろからサポート。

気になる CASE 2

Mちゃんは、後追いが激しく、よく泣く子どもです。

M ちゃん（0歳児・9か月）

お気に入りの保育者の後をいつも追いかけて、少しでも姿が見えなくなると大声で泣きます。その保育者が一緒にいるとご機嫌ですが、ほかの子の世話をしたり、保護者と話していたりすると激しく泣いて怒ります。その保育者がいない日は、一日中ぐずって泣いています。この時期の子はみな同じような姿を見せますが、少し反応が強いようです。

行動発達心理学の視点から

見る力以外低い点数なのは、今の月齢では問題とはいえず、明らかな対人関係の苦手さによるものなのか分離不安の延長線上にあるものなのか、チェックリストからは判断できません。現時点では、不安を最小限にする工夫をしながら楽しい体験を十分させていくことが大切でしょう。

ちょっと待っててねー

ウェーン

見る力

15

やり取りの力

聞く力

4   4

1

5

伝える力   **まねする力**

そこで担任は…

お気に入りの保育者ができるだけMちゃんの担当になるようにシフトを組み、かかわる時間をもつようにしていますが、ほかの子を放っておくわけにもいかず、中途半端なかかわりになることも。用事があるときには、気づかれないよう、そっと離れようとするのですが、すぐに見つかってしまいます。

そーっ……

●見る力 チェックリスト

1	人の顔をじっと見る。	2
2	あそんでいるときやうれしいときに、笑顔で視線を合わせる。	2
3	絵本、おもちゃなどをじっと見る。	2
4	おもちゃや人の動きを目で追う。	2
5	ほかの子のことを、興味をもって見る。	2
6	本の中の絵や写真を指さすと、指さした所を見る。	1
7	「ワンワン」「消防車」などと言いながら遠くにある物を指さすと、その方向を見る。	2
8	興味をもった物を指さして、相手に見せようとする。	1
9	好きな物、おもちゃ、絵本を大人に見せようと持ってきたり、大人をその場所に連れて行ったりする。	1
10	集中してあそんでいても、周囲の状況に応じた反応をする（好きな保育者が見当たらなかったら 探そうとする など）。	0
	見る力 計	15

Pick up

簡単な指示（「待っててね」など）は
理解できるのに、
後追い、泣きが止まらない
ということは…

●近くにいる感覚をもちたいのかも
しれない。

●聞く力 チェックリスト

1	名前を呼ばれると、相手を見たり返事をしたりする。	1
2	「ママ」「先生」など人の名前を言うと、その人を見たり指さしたりする。	1
3	身体部位の名称（頭・鼻など）を言うと、そこを見たり指さしたりする。	0
4	身近な食べ物、飲み物の名称を言うと、それを見たり指さしたりする。	0
5	普段目にしている動物やキャラクターの名前を言うと、手に取ったり指さしたりする。	0
6	身の回りの物の名称（帽子、靴など）を言うと、手に取ったり指さしたりする。	0
7	簡単な色の名称を言うと、手に取ったり指さしたりする。	0
8	身振りを伴う簡単な指示（「ちょうだい」「立って」など）に応じる。	1
9	二語文の指示（「○○先生に渡して」「ここに入れて」など）に応じる。	0
10	「おしまい」「止まって」などの指示に応じる。	1
	聞く力 計	4

●まねする力 チェックリスト

1	手や腕の動き（バイバイ、ばんざい、拍手など）をまねする。	1
2	指先の動き（グーパー、1・2など）をまねする。	0
3	足の動き（ジャンプ、足踏み、くるくる回るなど）をまねする。	0
4	手あそびをまねする。	0
5	物（ミニカーや積み木など）を使ったあそびの動きをまねする。	0
6	単音（ア、ウ、マ、バなど）をまねて言う。	0
7	単語（ママ、クックなど）をまねて言う。	0
8	二語文（「お茶ちょうだい」「電車、走ってる」など）をまねする。	0
9	口の形（アーン、イー、舌を出すなど）をまねする。	0
10	笑った顔、怒った顔など、表情をまねする。	0
	まねする力 計	1

Pick up

あそぶと笑って喜ぶのに、
保育者がいなくなると
あそべなくなる
ということは…

●知らないうちにいなくなら
れるのが不安なのかもしれない。

●思い切り甘えたいのかもしれ
ない。

●ただ保育者とあそびたいのか
もしれない。

●伝える力 チェックリスト

1	欲しい物を、指さしや声で伝える。	2
2	手助けが必要なときに、大人の手を引いたり、物を渡したりして伝える。	1
3	名前を呼ばれると、手をあげたり、「はーい」と返事をしたりする。	1
4	「ママ」「タタ」など繰り返しの言葉を言う。	1
5	身体部位の名称（オメメ、ポンポンなど）を自分から言う（幼児語でも不明瞭でもよい）。	0
6	身の回りの物の名称を自分から言う（幼児語でも不明瞭でもよい）。	0
7	動物やキャラクターの名前を自分から言う（幼児語でも不明瞭でもよい）。	0
8	欲しい物があるときに、「ちょうだい」や物の名前を言う（不明瞭でもよい）。	0
9	「やって」「開けて」など手助けを求める言葉を言う。	0
10	「先生、来て」「ボール、ちょうだい」など二語文で伝える。	0
	伝える力 計	5

●やり取りの力 チェックリスト

1	あそぶと、笑って喜ぶ。	2
2	おもちゃや絵本などで、一人であそぶ。	1
3	見立てあそびをする。	0
4	あそんでほしいときに、自分からおもちゃや絵本を持ってきたり、「やって」「あそぼ」などと言ってあそびに誘う。	0
5	1つのおもちゃで、ほかの人とあそぶ。	0
6	おもちゃがなくても、ほかの人と一緒にあそぶ（おいかけっこ、手あそび歌など）。	0
7	簡単なお手伝いをしようとする。	0
8	ほかの人と、おもちゃの交換をする。	0
9	おもちゃや遊具などの順番を待つ。	0
10	「おしまい」「あとで」など、あそびを区切る動作や、はっきりした言葉の指示に応じる。	1
	やり取りの力 計	4

Part.2

Mちゃんへの支援を考えてみよう

 で示した考え方（仮説）に基づいて、Mちゃんへの支援を考えてみました。

聞く力 の 視点から

●近くにいる感覚をもちたいのかもしれない。

↓

こまめに声をかけ、体にふれる

一緒にいられないときもこまめに声をかけ、「近くにいるよ」「ちゃんと見ているよ」と伝えます。1回の声かけは短くても、できるだけ多く、こまめに行うのがポイント。近くを通るときには「Mちゃん、あそんでいるのね」と名前を呼びながら声をかけ、頭をなでる、背中をさするなど触覚も刺激します。こうすることで、「いつも先生が近くにいてくれる」と実感をもつことができます。

やり取りの力 の視点から

●知らないうちにいなくなられるのが不安なのかもしれない。

↓

戻ってくることをしっかり伝える

戻ってくるかわからないまま待つのは不安です。簡単な言葉はわかるMちゃんなので、離れるときは、きちんと言葉で伝えましょう。そして戻ってきたときには「Mちゃんただいま」「待っていてくれてありがとう」と言いながらぎゅっと抱きしめます。それですぐに後追いがなくなることはありませんが、こういうやり取りを繰り返すうち、徐々に「先生は離れても必ず戻ってきてくれる」と実感し、安心できるようになっていきます。

●思い切り甘えたいのかもしれない。

十分にスキンシップをとる時間を

1対1になる時間を作り、Mちゃんが満足するまでスキンシップをとってかかわります。ギューッと抱きしめたり、体全体を丁寧にマッサージしたり。Mちゃんが「そろそろほかの所に行ってあそびたい」と思って逃げ出すようなしぐさを見せるまで続けられたら最高です。

●ただ保育者とあそびたいのかもしれない。

楽しいあそびに展開して

後追いを「困った行動」と捉えず、時にはおいかけっこという楽しいあそびに展開してみましょう。はじめはMちゃんに追いかけられて捕まり、次は保育者がMちゃんを追いかける、それで喜んだらほかの子たちも一緒にハイハイのおいかけっこ。もちろんMちゃんが本気で泣いて追いかけているときにこのあそびはしません。機嫌よく後追いをしているときに試してみましょう。

気になる CASE 3 | Wちゃんは、喃語が少なく、自分からはあまり動きません。

W ちゃん（0歳児・11か月）

いつも落ち着いていて、すぐに対応できないときでもじっとそのまま待っています。同月齢のほかの子は、気に入らないことがあると怒ったり、強く要求したりするのですが、あまりにもいい子すぎるので心配です。

この月齢で、反応が薄いのは少し気になります。聞く力の数値は月齢相応なのに対して、伝える力やり取りの力が低いということは、言葉は理解しているが、自ら発信する力や人への興味が低いということが考えられます。

そこで担任は…

どうしても要求の強い子に手がかかり、穏やかなWちゃんには待ってもらうことが多くなってしまいます。「Wちゃん、待っていてくれてありがとう」と声をかけてはいますが、かかわる時間は少なくなっています。また、「これいる？」「これやる？」と聞いても反応が弱いため、やり取りが続かないということもあります。

●見る力 チェックリスト

1	人の顔をじっと見る。	1
2	あそんでいるときやうれしいときに、笑顔で視線を合わせる。	1
3	絵本、おもちゃなどをじっと見る。	2
4	おもちゃや人の動きを目で追う。	1
5	ほかの子のことを、興味をもって見る。	1
6	本の中の絵や写真を指さすと、指さした所を見る。	1
7	「ワンワン」「消防車」などと言いながら遠くにある物を指さすと、その方向を見る。	1
8	興味をもった物を指さして、相手に見せようとする。	0
9	好きな物、おもちゃ、絵本を大人に見せようと持ってきたり、大人をその場所に連れて行ったりする。	0
10	集中してあそんでいても、周囲の状況に応じた反応をする（好きな保育者が見当たらなかったら 探そうとする など）。	0
	見る力 計	8

Pick up

聞く力の数値は
月齢相応なのに、
語りかけへの反応が
弱いということは…

●自分に話しかけていると思えないのかもしれない。

●聞く力 チェックリスト

1	名前を呼ばれると、相手を見たり返事をしたりする。	1
2	「ママ」「先生」など人の名前を言うと、その人を見たり指さしたりする。	1
3	身体部位の名称（頭・鼻など）を言うと、そこを見たり指さしたりする。	0
4	身近な食べ物、飲み物の名称を言うと、それを見たり指さしたりする。	0
5	普段目にしている動物やキャラクターの名前を言うと、手に取ったり指さしたりする。	0
6	身の回りの物の名称（帽子、靴など）を言うと、手に取ったり指さしたりする。	1
7	簡単な色の名称を言うと、手に取ったり指さしたりする。	0
8	身振りを伴う簡単な指示（「ちょうだい」「立って」など）に応じる。	1
9	二語文の指示（「○○先生に渡して」「ここに入れて」など）に応じる。	0
10	「おしまい」「止まって」などの指示に応じる。	1
	聞く力 計	5

●まねする力 チェックリスト

1	手や腕の動き（バイバイ、ばんざい、拍手など）をまねする。	1
2	指先の動き（グーパー、1・2など）をまねする。	0
3	足の動き（ジャンプ、足踏み、くるくる回るなど）をまねする。	0
4	手あそびをまねする。	0
5	物（ミニカーや積み木など）を使ったあそびの動きをまねする。	1
6	単音（ア、ウ、マ、バなど）をまねて言う。	0
7	単語（ママ、クックなど）をまねて言う。	0
8	二語文（「お茶ちょうだい」「電車、走ってる」など）をまねて言う。	0
9	口の形（アーン、イー、舌を出すなど）をまねする。	0
10	笑った顔、怒った顔など、表情をまねする。	0
	まねする力 計	2

Pick up

聞く力に比べて
伝える力の数値が低く、
指さしもない
ということは…

●要求の伝え方がわからないのかもしれない。

●伝える力 チェックリスト

1	欲しい物を、指さしや声で伝える。	0
2	手助けが必要なときに、大人の手を引いたり、物を渡したりして伝える。	0
3	名前を呼ばれると、手をあげたり、「はーい」と返事をしたりする。	1
4	「ママ」「タタ」など繰り返しの言葉を言う。	1
5	身体部位の名称（オメメ、ポンポンなど）を自分から言う（幼児語でも不明瞭でもよい）。	0
6	身の回りの物の名称を自分から言う（幼児語でも不明瞭でもよい）。	0
7	動物やキャラクターの名前を自分から言う（幼児語でも不明瞭でもよい）。	0
8	欲しい物があるときに、「ちょうだい」や物の名前を言う（不明瞭でもよい）。	0
9	「やって」「開けて」など手助けを求める言葉を言う。	0
10	「先生、来て」「ボール、ちょうだい」など二語文で伝える。	0
	伝える力 計	2

Pick up

あそびを通した
人とのやり取りが見られない
ということは…

●他者への興味が薄いのかもしれない。

●やり取りの力 チェックリスト

1	あそぶと、笑って喜ぶ。	1
2	おもちゃや絵本などで、一人であそぶ。	1
3	見立てあそびをする。	0
4	あそんでほしいときに、自分からおもちゃや絵本を持ってきたり、「やって」「あそぼ」などと言ってあそびに誘う。	0
5	1つのおもちゃで、ほかの人と一緒にあそぶ。	0
6	おもちゃがなくても、ほかの人と一緒にあそぶ（おいかけっこ、手あそび歌など）。	0
7	簡単なお手伝いをしようとする。	0
8	ほかの人と、おもちゃの交換をする。	0
9	おもちゃや遊具などの順番を待つ。	0
10	「おしまい」「あとで」など、あそびを区切る動作や、はっきりした言葉の指示に応じる。	0
	やり取りの力 計	2

Part.2

Wちゃんへの支援を考えてみよう

 で示した考え方（仮説）に基づいて、Wちゃんへの支援を考えてみました。

聞く力 の 視点から

● 自分に話しかけていると思えないのかもしれない。

⬇

体を触りながら話しかける

話しかけても反応が弱い場合、もしかしたら、話しかけられていることがWちゃんに伝わっていないのかもしれません。その場合は、体を触りながら（触覚刺激を与えながら）話しかけるとよいでしょう。

背中をさすったり、両手を持って揺らしたりしながら話しかける。

伝える力 の 視点から

● 要求の伝え方がわからないのかもしれない。

⬇

要求の指さしから始める

ウサギさんが好きなのね

伝える方法として、まずは要求の指さしから始めてみましょう。食事やおやつ、おもちゃなどWちゃんの好きな物とそうでない物を見せ、指さしで選んでもらいます。どうしていいのかわからずじっとしていたり、両方取ろうとしたりする場合は、一方をより興味のない物に代えて、好きな物との差を大きくします（例えば、よくあそぶおもちゃと丸めたティッシュ、イチゴとお皿、など）。
手を伸ばして取ろうとしたら、「こっちが好きなのね、どうぞ」と言って渡します。最初は手を伸ばすだけでも、繰り返すことで指さしを学習することになり、一度そのスキルを獲得したら徐々にほかの場面でも使うようになってくると思います。

やり取りの力の視点から

●他者への興味が薄いのかもしれない。

↓

こちらから、子どもの視界に入る

目が合いにくい、人の顔をあまり見ないというときは、保育者からWちゃんの視野に入ります。子どもによっては少し離れた位置のほうが視線が合いやすいこともあります。上下左右、距離を調整しながら、Wちゃんとピタッと視線が合う位置を探してみてください。

Wちゃん!

↓

Wちゃんの世界にお邪魔する

かかわろうとしてもあまり反応しない場合は、Wちゃんのしていることに、ちょっとだけお邪魔します。例えば、人形を持ってあそんでいたら、その人形に別の人形を乗せる、重ねコップであそんでいたら、コップの中に小さな積み木を入れる、などです。こうして、Wちゃんの世界を少し変化させることで周りに目を向けさせるきっかけを作るのです。

Wちゃんが嫌がったらすぐに、「じゃあ、ちょうちょさんバイバイ」とユーモアあるあそびにしてしまいます。でも、不思議がったり面白がったりして保育者を見る場合は、「あれ?　なんだろうね。不思議だね」「あれ、〇〇が入っちゃったー」などと楽しく声かけをしてコミュニケーションをとるきっかけにしてみましょう。

ゾウさんの背中にちょうちょがとまったよー

気になる CASE 4 Nちゃんは、突然、友達の髪を引っ張ってしまいます。

Nちゃん（1歳児・1歳4か月）

時には、引っ張った髪の毛のにおいをかいだり、口に入れようとしたり。相手はだいたい決まった子ですが、その子がいないときは、近くにいる子や保育者の髪も引っ張ります。

イタイ〜!!

そこで担任は…

引っ張られるとかなり痛いので、「○○ちゃん痛いよ、やめて」と言うのですが、自分からは離さないので、保育者がNちゃんの手を開いて離させます。だんだん周りの子が嫌がってNちゃんから距離をとってしまい、孤立した感じになってきました。かわいそうだと思うのですが、安全を確保するために仕方ないのかな、とも思っています。

ほら離して

ウェーン!

行動発達心理学の視点から

現段階では、聞くより見るほうが得意。人への興味はあり、伝える力も1歳児なりにありますが、相手へのかかわり方がわからないため、手が先に出てしまうようです。不適切な行動が起こらないよう環境を整え、適切な行動を増やす、この2本立てで支援を組み立てましょう。

見る力 20

やり取りの力 12

聞く力 12

9 9

伝える力

まねする力

●見る力 チェックリスト

1	人の顔をじっと見る。	2
2	あそんでいるときやうれしいときに、笑顔で視線を合わせる。	2
3	絵本、おもちゃなどをじっと見る。	2
4	おもちゃや人の動きを目で追う。	2
5	ほかの子のことを、興味をもって見る。	2
6	本の中の絵や写真を指さすと、指さした所を見る。	2
7	「ワンワン」「消防車」などと言いながら遠くにある物を指さすと、その方向を見る。	2
8	興味をもった物を指さして、相手に見せようとする。	2
9	好きな物、おもちゃ、絵本を大人に見せようと持ってきたり、大人をその場所に連れて行ったりする。	2
10	集中してあそんでいても、周囲の状況に応じた反応をする(好きな保育者が見当たらなかったら 探そうとする など)。	2
	見る力 計	20

●聞く力 チェックリスト

1	名前を呼ばれると、相手を見たり返事をしたりする。	2
2	「ママ」「先生」など人の名前を言うと、その人を見たり指さしたりする。	2
3	身体部位の名称(頭・鼻など)を言うと、そこを見たり指さしたりする。	1
4	身近な食べ物、飲み物の名称を言うと、それを見たり指さしたりする。	1
5	普段目にしている動物やキャラクターの名前を言うと、手に取ったり指さしたりする。	1
6	身の回りの物の名称(帽子、靴など)を言うと、手に取ったり指さしたりする。	1
7	簡単な色の名称を言うと、手に取ったり指さしたりする。	1
8	身振りを伴う簡単な指示(「ちょうだい」「立って」など)に応じる。	1
9	二語文の指示(「○○先生に渡して」「ここに入れて」など)に応じる。	1
10	「おしまい」「止まって」などの指示に応じる。	1
	聞く力 計	12

●まねする力 チェックリスト

1	手や腕の動き(バイバイ、ばんざい、拍手など)をまねする。	2
2	指先の動き(グーパー、1・2など)をまねする。	1
3	足の動き(ジャンプ、足踏み、くるくる回るなど)をまねする。	1
4	手あそびをまねする。	1
5	物(ミニカーや積み木など)を使ったあそびの動きをまねする。	1
6	単音(ア、ウ、マ、パなど)をまねて言う。	1
7	単語(ママ、クックなど)をまねて言う。	1
8	二語文(「お茶ちょうだい」「電車、走ってる」など)をまねする。	0
9	口の形(アーン、イー、舌を出すなど)をまねする。	0
10	笑った顔、怒った顔など、表情をまねする。	1
	まねする力 計	9

●伝える力 チェックリスト

1	欲しい物を、指さしと声で伝える。	2
2	手助けが必要なときに、大人の手を引いたり、物を渡したりして伝える。	1
3	名前を呼ばれると、手をあげたり、「は〜い」と返事をしたりする。	1
4	「ママ」「タタ」など繰り返しの言葉を言う。	1
5	身体部位の名称(オメメ、ポンポンなど)を自分で言う(幼児語でも不明瞭でもよい)。	1
6	身の回りの物の名称を自分から言う(幼児語でも不明瞭でもよい)。	1
7	動物やキャラクターの名前を自分から言う(幼児語でも不明瞭でもよい)。	1
8	欲しい物があるときに、「ちょうだい」や物の名前を言う(不明瞭でもよい)。	1
9	「やって」「開けて」など手助けを求める言葉を言う。	0
10	「先生、来て」「ボール、ちょうだい」など二語文で伝える。	0
	伝える力 計	9

●やり取りの力 チェックリスト

1	あそぶと、笑って喜ぶ。	2
2	おもちゃや絵本などで、一人であそぶ。	2
3	見立てあそびをする。	1
4	あそんでほしいときに、自分からおもちゃや絵本を持ってきたり、「やって」「あそぼ」などと言ってあそびに誘う。	1
5	1つのおもちゃで、ほかの人と一緒にあそぶ。	1
6	おもちゃがなくても、ほかの人と一緒にあそぶ(おいかけっこ、手あそび歌など)。	1
7	簡単なお手伝いをしようとする。	1
8	ほかの人と、おもちゃの交換をする。	1
9	おもちゃや遊具などの順番を待つ。	1
10	「おしまい」「あとで」など、あそびを区切る動作や、はっきりした言葉の指示に応じる。	1
	やり取りの力 計	12

Pick up 同じ声かけでも
聞けるときと
そうでないときが
あるということは…

●興奮していると、保育者の言葉
が入らないのかもしれない。

Pick up 動きをまねることは
できるのに、
髪をつかんで離せない
ということは…

●適切な力の入れ具合がわから
ないのかもしれない。

Pick up 伝える言葉の中で、
要求の言葉だけが
出ないということは…

●一緒にあそびたいけれど、どう
かかわったらよいかわからない
のかもしれない。

Pick up 言葉の指示に応じることは
あるのに、
「やめて」の言葉が
通らないということは…

●よくない行動と理解していても、
衝動を抑えられないのかもしれ
ない。

Nちゃんへの支援を考えてみよう

で示した考え方（仮説）に基づいて、Nちゃんへの支援を考えてみました。

聞く力 の 視点から

●興奮していると、保育者の言葉が入らないのかもしれない。

言葉を聞いて手を動かす

幼い子にとって、「手でつかむ」ことは得意でも、「手を離す」という動作は意外に難しいもの。この動作を、保育者の言葉を聞いて動かすグーパーの手あそびを通してやってみましょう。1歳児にチョキは難しいのでグーとパーだけでOK。
なお、「離して」と言われるほど力が入ってしまう子も。その場合には、「パーにして」と言うと伝わることもあります。

まねする力 の 視点から

●適切な力の入れ具合がわからないのかもしれない。

あそびの動作で力加減を体験

「トントン」「スリスリ（なでる）」「ツンツン」の複数の動きをまとめてやると楽しいあそびになります。ポイントは「トントン」だけではなく、「これがトントン」「これはスリスリ」など対比させながら教えること。肩をトントンさせると髪の毛をつかんでしまう可能性があるので、座ったまま、膝やももをトントンしましょう。
髪の毛をつかみそうになったら、すかさず「Nちゃん、トントンだよ」と声をかけて。できたら「トントンで上手にあそべたね」とおおいに褒めてください。

伝える力
の
視点から

●一緒にあそびたいけれど、どうかかわったら
よいかわからないのかもしれない。

⬇

あそびに誘う言葉を教える

まずは、Nちゃんが髪の毛をつかむ前のサインを見つ
けましょう（その子をじっと見る、右手がモゾモゾ動
く、両手を前に出して歩くなど）。そしてそのサイン
が出たら、保育者がNちゃんの手を取り「○○ちゃん
に、あそぼうって言ってみようか」と声をかけます。
ポイントはNちゃんの手を取ることと、正しい行動の
見本を見せること。手を取ることで「髪の毛をつかむ」
行動の予防ができ、見本を示すことで、適切な行動を
教えることができます。

**やり取り
の力**
の視点から

●よくない行動と理解していても、衝動を
抑えられないのかもしれない。

⬇

予防的な対応を考える

目の前に髪の毛があると触りたい、一緒にあそびたい
から捕まえたい、という衝動が抑えられないと考える
と、まずは大人がさりげなく「すっと」間に入って防
ぐことが大切。
すぐに対応できないときは、好きなおもちゃの中で、
両手でないと持てない物（大きめの風船やボールなど）
を持たせ、手がすぐには使えない状態にすることも予
防策の1つです。

気になる CASE 5

Tちゃん（1歳児・1歳7か月）

Tちゃんは、気に入らないことがあると、かんしゃくを起こし、頭を打ちつけます。

いつもニコニコ明るい子ですが、友達におもちゃを取られたり、自分の思い通りにならなかったりすると、かんしゃくを起こします。1歳になりたてのころには泣いて足をバタつかせる程度だったのですが、最近では頭を壁や床にぶつけるようになってしまいました。

そこで担任は…

かんしゃくを起こしたときには「大丈夫」と声をかけ抱っこしてなだめています。機嫌がよいときにはそれで収まるのですが、イライラしているときはさらに大声で泣きます。頭を大きく振って嫌がるので転落が怖く、柔らかい毛布の上で抱っこをしています。言うことを聞いてばかりだとわがままになるのではと思いながらも、危険なので構わざるを得なくなっています。

行動発達心理学の視点から

全体的に発達がゆっくりで、見る力以外は、年齢に比べて少し低めの点数です。コミュニケーション力が未発達で、気持ちをうまく表現できないぶん、かんしゃくを起こしやすくなっているとも考えられます。

見る力　18
聞く力　9
まねする力　6
伝える力　6
やり取りの力　7

Part.2

●見る力 チェックリスト

1	人の顔をじっと見る。	2
2	あそんでいるときやうれしいときに、笑顔で視線を合わせる。	2
3	絵本、おもちゃなどをじっと見る。	2
4	おもちゃや人の動きを目で追う。	2
5	ほかの子のことを、興味をもって見る。	2
6	本の中の絵や写真を指さすと、指さした所を見る。	1
7	「ワンワン」「消防車」などと言いながら遠くにある物を指さすと、その方向を見る。	1
8	興味をもった物を指さして、相手に見せようとする。	2
9	好きな物、おもちゃ、絵本を大人に見せようと持ってきたり、大人をその場所に連れて行ったりする。	2
10	集中してあそんでいても、周囲の状況に応じた反応をする（好きな保育者が見当たらなかったら 探そうとする など）。	2
	見る力 計	18

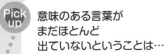

Pick up 指示を聞くこともある ということは…

●かんしゃくを起こしているときは、言葉が入っていかないのかもしれない。

●聞く力 チェックリスト

1	名前を呼ばれると、相手を見たり返事をしたりする。	2
2	「ママ」「先生」など人の名前を言うと、その人を見たり指さしたりする。	1
3	身体部位の名称（頭・鼻など）を言うと、そこを見たり指さしたりする。	0
4	身近な食べ物、飲み物の名称を言うと、それを見たり指さしたりする。	1
5	普段目にしている動物やキャラクターの名前を言うと、手に取ったり指さしたりする。	1
6	身の回りの物の名称（帽子、靴など）を言うと、手に取ったり指さしたりする。	1
7	簡単な色の名称を言うと、手に取ったり指さしたりする。	0
8	身振りを伴う簡単な指示（「ちょうだい」「立って」など）に応じる。	1
9	二語文の指示（「○○先生に渡して」「ここに入れて」など）に応じる。	1
10	「おしまい」「止まって」などの指示に応じる。	1
	聞く力 計	9

●まねする力 チェックリスト

1	手や腕の動き（バイバイ、ばんざい、拍手など）をまねする。	1
2	指先の動き（グーパー、1・2など）をまねする。	1
3	足の動き（ジャンプ、足踏み、くるくる回るなど）をまねする。	1
4	手あそびをまねする。	0
5	物（ミニカーや積み木など）を使ったあそびの動きをまねする。	1
6	単音（ア、ウ、マ、パなど）をまねて言う。	1
7	単語（ママ、クックなど）をまねて言う。	0
8	二語文（「お茶ちょうだい」「電車、走ってる」など）をまねする。	0
9	口の形（アーン、イー、舌を出すなど）をまねする。	0
10	笑った顔、怒った顔など、表情をまねする。	0
	まねする力 計	6

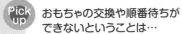

Pick up 意味のある言葉が まだほとんど 出ていないということは…

●自分の気持ちをうまく表出できないのかもしれない。

●伝える力 チェックリスト

1	欲しい物を、指さしや声で伝える。	2
2	手助けが必要なときに、大人の手を引いたり、物を渡したりして伝える。	2
3	名前を呼ばれると、手をあげたり、「は〜い」と返事をしたりする。	1
4	「ママ」「タタ」など繰り返しの言葉を言う。	1
5	身体部位の名称（オメメ、ポンポンなど）を自分から言う（幼児語でも不明瞭でもよい）。	0
6	身の回りの物の名称を自分から言う（幼児語でも不明瞭でもよい）。	0
7	動物やキャラクターの名前を自分から言う（幼児語でも不明瞭でもよい）。	0
8	欲しい物があるときに、「ちょうだい」や物の名前を言う（不明瞭でもよい）。	0
9	「やって」「開けて」など手助けを求める言葉を言う。	0
10	「先生、来て」「ボール、ちょうだい」など二語文で伝える。	0
	伝える力 計	6

Pick up おもちゃの交換や順番待ちが できないということは…

●おもちゃの貸し借りは、まだ難しいのかもしれない。

Pick up 「おしまい」「あとで」などの 指示に応じたことがない ということは…

●言葉で気持ちを切り替えるのは、難しいのかもしれない。

●やり取りの力 チェックリスト

1	あそぶと、笑って喜ぶ。	2
2	おもちゃや絵本などで、一人であそぶ。	2
3	見立てあそびをする。	0
4	あそんでほしいときに、自分からおもちゃや絵本を持ってきたり、「やって」「あそぼ」などと言ってあそびに誘う。	2
5	1つのおもちゃで、ほかの人と一緒にあそぶ。	0
6	おもちゃがなくても、ほかの人と一緒にあそぶ（おいかけっこ、手あそび歌など）。	0
7	簡単なお手伝いをしようとする。	1
8	ほかの人と、おもちゃの交換をする。	0
9	おもちゃや遊具などの順番を待つ。	0
10	「おしまい」「あとで」など、あそびを区切る動作や、はっきりした言葉の指示に応じる。	0
	やり取りの力 計	7

Tちゃんへの支援を考えてみよう

 で示した考え方（仮説）に基づいて、Tちゃんへの支援を考えてみました。

聞く力
の
視点から

●かんしゃくを起こしているときは、言葉が入っていかないのかもしれない。

興奮が収まるまで静かに待つ

かんしゃくは無理にやめさせようとすると、逆に強くなることがあります。特に大きな声で「やめて」「危ないよ」と言うと感情が高ぶり、興奮が長引くことがあります。言葉かけは最小限にして静かに待ちましょう。

自傷行為は危険なので止める必要がありますが、手やタオルで押さえれば十分です。抱っこはしたほうがよければして構いません。そして少し興奮が落ち着いてきたら、「悲しかったね」「頑張ったね」など静かに声かけをします。

伝える力
の
視点から

●自分の気持ちをうまく表出できないのかもしれない。

Tちゃんの気持ちを代弁する

まだ情緒の分化ができていない年齢。悲しい気持ちを伝えて自分を慰めるスキルを身に付けるのはもう少し先になります。今はTちゃんの気持ちを代弁して共感することが大切。「悲しいね」「嫌だったね」「でも頑張ったね」など。Tちゃんはその言葉を繰り返し聞くことで、適切な気持ちの表現の仕方を学んでいきます。

やり取り の力 の視点から

●おもちゃの貸し借りは、まだ難しいのかもしれない。

↓

なくならない状態で貸し借りの体験を促す

トラブルの元をなるべく少なくするために、同じおもちゃを複数用意するとよいでしょう。そこで全く同じ物を使って「交換」の体験を促してみましょう。あげてもなくならない、すぐに戻ってくる、という安心感のもと、貸し借りを経験すると、かんしゃくも起こしにくくなってくるでしょう。

ウサギさん とりかえっこ しようか

●言葉で気持ちを切り替えるのは、難しいのかもしれない。

↓

場所を替えて気持ちの切り替えを促す

1歳児の場合、言い聞かせて気持ちを切り替えるのは難しいもの。気分転換できるよう違う場所に連れて行ってみましょう。ほかのあそびに誘っても、お手伝いを頼んでも、お散歩に行ってもよいでしょう。「なんだかわからないけど忘れちゃった」「気持ちの切り替えができちゃった」という経験が、柔軟な心を作っていきます。

Tちゃん、 あっちで お手伝い してくれる?

気になる CASE 6

Bちゃんは、なんでも自分でやりたがり、手伝おうとすると怒ります。

Bちゃん（1歳児・1歳9か月）

1歳半を過ぎた頃から、着替えや食事など、自分でやりたがることが増えてきたのですが、まだうまくできないことが多く、できないと泣き出します。そこで手伝おうとすると、自分でやると言って怒り出し、いったん機嫌が悪くなると、活動にも参加しなくなってしまいます。

行動発達心理学の視点から

全般的にバランスよく発達していますが、自分の思いを言葉だけで表現するのはまだ難しい年齢なので、その部分の点数は年相応です。言葉にできない思いをくみ取ってかかわる必要があります。

お手伝い
しましょうか

ヤダ！
じぶんで！！

見る力 19
聞く力 15
まねする力 16
伝える力 17
やり取りの力 15

そこで担任は…

頑張って挑戦しているときは見守り、うまくいかなくてイライラしているときには「大丈夫、できているよ」と声をかけて励まします。手伝おうとして、気分を損ねてしまったときには、機嫌がよくなるよう、ゆっくり話して慰めるのですが、さらに機嫌が悪くなっていきます。

大丈夫！
できるよ！

ガンバレ！

44

●見る力 チェックリスト

1	人の顔をじっと見る。	2
2	あそんでいるときやうれしいときに、笑顔で視線を合わせる。	2
3	絵本、おもちゃなどをじっと見る。	2
4	おもちゃや人の動きを目で追う。	2
5	ほかの子のことを、興味をもって見る。	2
6	本の中の絵や写真を指させると、指さした所を見る。	2
7	「ワンワン」「消防車」などと言いながら遠くにある物を指させると、その方向を見る。	2
8	興味をもった物を指さして、相手に見せようとする。	2
9	好きな物、おもちゃ、絵本を大人に見せようと持ってきたり、大人をその場所に連れて行ったりする。	2
10	集中してあそんでいても、周囲の状況に応じた反応をする（好きな保育者が見当たらなかったら探そうとする　など）。	1
	見る力　計	19

●聞く力 チェックリスト

1	名前を呼ばれると、相手を見たり返事をしたりする。	2
2	「ママ」「先生」など人の名前を言うと、その人を見たり指さしたりする。	2
3	身体部位の名称（頭・鼻など）を言うと、そこを見たり指さしたりする。	1
4	身近な食べ物、飲み物の名称を言うと、それを見たり指さしたりする。	2
5	普段目にしている動物やキャラクターの名前を言うと、手に取ったり指さしたりする。	1
6	身の回りの物の名称（帽子、靴など）を言うと、手に取ったり指さしたりする。	2
7	簡単な色の名称を言うと、手に取ったり指さしたりする。	1
8	身振りを伴う簡単な指示（「ちょうだい」「立って」など）に応じる。	2
9	二語文の指示（「○○先生に渡して」「ここに入れて」など）に応じる。	1
10	「おしまい」「止まって」などの指示に応じる。	2
	聞く力　計	15

Pick up

見たものを、まねする力や意欲が十分あるということは…

●自分のイメージ通りにできないことが許せないのかもしれない。

●まねする力 チェックリスト

1	手や腕の動き（バイバイ、ばんざい、拍手など）をまねする。	2
2	指先の動き（グーパー、1・2など）をまねする。	1
3	足の動き（ジャンプ、足踏み、くるくる回るなど）をまねする。	1
4	手あそびをまねする。	2
5	物（ミニカーや積み木など）を使ったあそびの動きをまねする。	2
6	単音（ア、ウ、マ、パなど）をまねて言う。	2
7	単語（ママ、クックなど）をまねて言う。	2
8	二語文（「お茶ちょうだい」「電車、走ってる」など）をまねて言う。	1
9	口の形（アーン、イー、舌を出すなど）をまねする。	1
10	笑った顔、怒った顔など、表情をまねする。	2
	まねする力　計	16

Pick up

簡単な要求は伝えられても、すべてを言葉だけで伝えるのは難しいということは…

●手伝われるのが嫌だと、うまく言えないのかもしれない。

●伝える力 チェックリスト

1	欲しい物を、指さしや声で伝える。	2
2	手助けが必要なときに、大人の手を引いたり、物を渡したりして伝える。	1
3	名前を呼ばれると、手をあげたり、「はーい」と返事をしたりする。	2
4	「ママ」「タタ」など繰り返しの言葉を言う。	2
5	身体部位の名称（オメメ、ポンポンなど）を自分から言う（幼児語でも不明瞭でもよい）。	2
6	身の回りの物の名称を自分から言う（幼児語でも不明でもよい）。	2
7	動物やキャラクターの名前を自分から言う（幼児語でも不明瞭でもよい）。	1
8	欲しい物があるときに、「ちょうだい」や物の名前を言う（不明瞭でもよい）。	2
9	「やって」「開けて」など手助けを求める言葉を言う。	2
10	「先生、来て」「ボール、ちょうだい」など二語文で伝える。	1
	伝える力　計	17

Pick up

待つことや行動の切り替えが、できるときとできないときがあるということは…

●できるかどうか不安なのかもしれない。
●気分転換の方法を獲得できていないのかもしれない。

●やり取りの力 チェックリスト

1	あそぶと、笑って喜ぶ。	2
2	おもちゃや絵本などで、一人であそぶ。	2
3	見立てあそびをする。	2
4	あそんでほしいときに、自分からおもちゃや絵本を持ってきたり、「やって」「あそぼ」などと言ってあそびに誘う。	2
5	1つのおもちゃで、ほかの人と一緒にあそぶ。	1
6	おもちゃがなくても、ほかの人と一緒にあそぶ（おいかけっこ、手あそび歌など）。	1
7	簡単なお手伝いをしようとする。	2
8	ほかの人と、おもちゃの交換をする。	1
9	おもちゃや遊具などの順番を待つ。	1
10	「おしまい」「あとで」など、あそびを区切る動作や、はっきりした言葉の指示に応じる。	1
	やり取りの力　計	15

Part.2

Bちゃんへの支援を考えてみよう

Pick up で示した考え方（仮説）に基づいて、Bちゃんへの支援を考えてみました。

まねする力
の
視点から

●自分のイメージ通りにできないことが許せないのかもしれない。

隣同士に座って見本を示す

取り組むとき、保育者はBちゃんの正面ではなく隣に座ってみましょう。同じ方向から見られるとまねしやすいので、体の動きをまねするときも、このほうがうまくいくことがあります。そのときに「こういうふうに持って」「ゆっくりね」など、うまくいくコツを教えましょう。成功体験を積んでいくことが大切です。

伝える力
の
視点から

●手伝われるのが嫌だと、うまく言えないのかもしれない。

子どもの思いを確かめてから手伝う

よかれと思ってした「お手伝い」が、子どもにとっては「自分でやりたいのに邪魔された」という気持ちにさせることも。「やめて」が言えず、手伝われた後に嫌な気持ちがムクムクわいてくるのかもしれません。このように伝える力が未熟な子には「お手伝いしていい？」など、子どもが自分の気持ちを伝えやすいように質問し、子どもが手伝ってもいいと判断したことを確かめてから行うようにしてください。

やり取り の力 の視点から

●できるかどうか不安なのかもしれない。

↓

リズミックに楽しく声をかける

大切なのは、できたかどうかではなく、プロセスだという気持ちでかかわりましょう。そのためには取り組んでいる途中に「がんば、がんば」「すっごーい」など、動作に合わせた声かけをします。できたとしてもBちゃんが満足していないときに、「できたね」など結果についての声かけをすると、慰めている感じが出てしまうので、声かけは頑張っている最中にするのがポイントです。

あ、出た〜！

スポッ！

すごいね〜

●気分転換の方法を獲得できていないのかもしれない。

↓

知らぬ間に気分転換できた経験を促す

ポイッ！

1歳児なら、気持ちの切り替えができないのは当たり前。また、気分転換ができず機嫌が悪いときに言葉で納得させようとすると、ますます立ち直りづらくなることもあります。
言い聞かせるのではなく、さりげなく別の行動を促し、知らないうちに気分が変わっていた経験ができるとよいでしょう。そのとき有効なのは、じっくり取り組むものではなく、こまめに体を動かす活動。例えば、箱の中にポンポンと物を入れる、みんなのお皿を配るなど、行動自体は簡単で、繰り返し行うものがよいでしょう。はじめはぐずっていても、保育者が楽しそうに「入った！」「もう1回お願い！」などと声を出していると、知らないうちに、楽しい気分に切り替わっていきます。

Part.2

気になる CASE 7

Yちゃんは、食事の途中で立ち歩いてしまい、落ち着きません。

Yちゃん（1歳児・1歳11か月）

友達にちょっかいを出したり、保育者の膝の上に座ったりして、ひとしきり満足するとまた戻ってきて食べ始めますが、また少し食べると席を立って歩き回ります。家でも同じような状態で、保護者からも相談されています。

行動発達心理学の視点から

見る力、聞く力、まねする力、伝える力ともにバランスよく発達しています。やり取りの力がやや低くなっていますが、項目ごとに見ると目立った苦手さは見られません。コミュニケーション力以外の要因に注目する必要があるケースかもしれません。

見る力 20
聞く力 18
まねする力 15
伝える力 17
やり取りの力 13

そこで担任は…

歩き始めたら、「座って」「戻って」と声をかけ、それでも戻ってこないと抱っこで椅子に戻します。ただ、ほかの子に手がかかることも多いため、みんなが食べ終わって保育者の手が空いてから、Yちゃんについて食べさせることも。保育者がつきっきりで食べさせれば歩き回ることもなく、短時間で食べきります。

ちゃんと座ってねー

Pick up

コミュニケーション力が
バランスよく育っているのに、
落ち着いて食べられない
ということは…

●気が散ってしまっているのかも
しれない。
●食事への興味が薄いのかもしれ
ない。
●一定時間座っていることが難し
いのかもしれない。

Pick up

要求を言葉で表す力が、
ほかの力より
低いということは…

●保育者の気を引きたいのかも
しれない。

●見る力 チェックリスト

1	人の顔をじっと見る。	2
2	あそんでいるときやうれしいときに、笑顔で視線を合わせる。	2
3	絵本、おもちゃなどをじっと見る。	2
4	おもちゃや人の動きを目で追う。	2
5	ほかの子のことを、興味をもって見る。	2
6	本の中の絵や写真を指さすと、指さした所を見る。	2
7	「ワンワン」「消防車」などと言いながら遠くにある物を指さすと、その方向を見る。	2
8	興味をもった物を指さして、相手に見せようとする。	2
9	好きな物、おもちゃ、絵本を大人に見せようと持ってきたり、大人をその場所に連れて行ったりする。	2
10	集中してあそんでいても、周囲の状況に応じた反応をする（好きな保育者が見当たらなかったら 探そうとする など）。	2
	見る力 計	**20**

●聞く力 チェックリスト

1	名前を呼ばれると、相手を見たり返事をしたりする。	2
2	「ママ」「先生」など人の名前を言うと、その人を見たり指さしたりする。	2
3	身体部位の名称（頭・鼻など）を言うと、そこを見たり指さしたりする。	2
4	身近な食べ物、飲み物の名称を言うと、それを見たり指さしたりする。	2
5	普段目にしている動物やキャラクターの名前を言うと、手に取ったり指さしたりする。	2
6	身の回りの物の名称（帽子、靴など）を言うと、手に取ったり指さしたりする。	2
7	簡単な色の名称を言うと、手に取ったり指さしたりする。	1
8	身振りを伴う簡単な指示（「ちょうだい」「立って」など）に応じる。	2
9	二語文の指示（「○○先生に渡して」「ここに入れて」など）に応じる。	2
10	「おしまい」「止まって」などの指示に応じる。	1
	聞く力 計	**18**

●まねする力 チェックリスト

1	手や腕の動き（バイバイ、ばんざい、拍手など）をまねする。	2
2	指先の動き（グーパー、1・2など）をまねする。	2
3	足の動き（ジャンプ、足踏み、くるくる回るなど）をまねする。	1
4	手あそびをまねする。	1
5	物（ミニカーや積み木など）を使ったあそびの動きをまねする。	2
6	単音（ア、ウ、マ、パなど）をまねて言う。	2
7	単語（ママ、クックなど）をまねて言う。	2
8	二語文（「お茶ちょうだい」「電車、走ってる」など）をまねする。	1
9	口の形（アーン、イー、舌を出すなど）をまねする。	1
10	笑った顔、怒った顔など、表情をまねする。	1
	まねする力 計	**15**

●伝える力 チェックリスト

1	欲しい物を、指さしや声で伝える。	2
2	手助けが必要なときに、大人の手を引いたり、物を渡したりして伝える。	2
3	名前を呼ばれると、手をあげたり、「はーい」と返事をしたりする。	2
4	「ママ」「タタ」など繰り返しの言葉を言う。	2
5	身体部位の名称（オメメ、ポンポンなど）を自分で言う（幼児語でも不明瞭でもよい）。	2
6	身の回りの物の名称を自分から言う（幼児語でも不明瞭でもよい）。	2
7	動物やキャラクターの名前を自分から言う（幼児語でも不明瞭でもよい）。	2
8	欲しい物があるときに、「ちょうだい」や物の名前を言う（不明瞭でもよい）。	1
9	「やって」「開けて」など手助けを求める言葉を言う。	1
10	「先生、来て」「ボール、ちょうだい」など二語文で伝える。	1
	伝える力 計	**17**

●やり取りの力 チェックリスト

1	あそぶと、笑って喜ぶ。	2
2	おもちゃや絵本などで、一人であそぶ。	2
3	見立てあそびをする。	1
4	あそんでほしいときに、自分からおもちゃや絵本を持ってきたり、「やって」「あそぼ」などと言ってあそびに誘う。	1
5	1つのおもちゃで、ほかの人と一緒にあそぶ。	2
6	おもちゃがなくても、ほかの人と一緒にあそぶ（おいかけっこ、手あそび歌など）。	1
7	簡単なお手伝いをしようとする。	1
8	ほかの人と、おもちゃの交換をする。	1
9	おもちゃや遊具などの順番を待つ。	1
10	「おしまい」「あとで」など、あそびを区切る動作や、はっきりした言葉の指示に応じる。	1
	やり取りの力 計	**13**

Part.2

Yちゃんへの支援を考えてみよう

 で示した考え方（仮説）に基づいて、Yちゃんへの支援を考えてみました。

 伝える力 の 視点から

●保育者の気を引きたいのかもしれない。

↓

できているときに褒める

Yちゃん自身、保育者が自分を見てくれていると感じられていないのかもしれません。立ち歩いてからではなく、座って食べているときに声をかけるようにしましょう。少し大げさなくらい「Yちゃん、座って待っていてかっこいいね」「みんなもYちゃんみたいに座っていられるかな」などの声かけを。できないときに注意するのではなく、できている瞬間こそ褒めることが大切です。

コミュニ ケーション力 以外の 視点から

●気が散ってしまっているのかもしれない。

↓

立ち歩く理由に合わせて支援する

まずは立ち上がる瞬間の傾向を探ります。例えば、ほかの子が声を出したときなのか、口に食べ物を入れているときなのか、食べ物を取ろうとしているときなのか、など。その見極めをしたうえで、それぞれに合わせた支援を工夫しましょう。
ほかの子が気になってしまうのなら、壁を正面に座って食べる。飲み込むまでの時間が長くてその間に飽きてしまっているなら、一口量を小さくして飲み込むまでの時間を短くする。食べ物を取るのが難しく嫌になってしまうのなら、スプーンやフォークで取りやすい工夫をする、などです。

●食事への興味が薄いのかもしれない。

自分で食べる量を決める

「食べる」ことへの興味が薄いと、あそび食べにもなります。食べる動機づけを高め、量は少なくても「完食する」達成感をもてるようにするとよいでしょう。動機づけを高める方法として、自分で食べる量を決めるのもいいでしょう。「食べられる？」「もっと？」と聞きながらよそっていきます。1歳児でも、そのやり取りをすることで、自分で決めたという気になり、守ろうとします。ただ、食事量の見極めは難しいので、残しても責めず、「ごちそうさまにしよう」で十分。食事中に怒られて、食べること自体が嫌いになってしまうことだけは避けたいものです。

●一定時間座っていることが難しいのかもしれない。

座っていられるあそびを工夫する

1歳児の中にはまだ体幹が弱く、動きを調整できずに、しっかり座っていることが難しい子もいます。好きなあそびで座っている時間を少しずつ長くしてみましょう。ポイントはYちゃんが好きな活動で座る時間を増やすことです。
また、お気に入りのキャラクターの座布団やランチョンマットなどを用意して、そこに長くいたくなる環境を工夫してもいいでしょう。

気になる CASE 8 | Sちゃんは、ずっと走り回っています。

Sちゃん（2歳児・2歳6か月）

とにかく元気で、一日中走り回っているSちゃん。「走らないで」と言っても止まらず、最終的には保育者が正面から抱きとめる形で動きを止めます。動きを止められても怒ることはなく、ニコニコしていますが、またすぐに走り出そうとして、保育者の元から逃げ出します。

そこで担任は…

本当は、飽きるまで走り回らせてあげたいけれど、ほかの子とぶつかってけがをしたらいけないので、止めざるを得ない状況です。また、つられて走り出す子もいるので、Sちゃんが走り出したら決まった保育者が追いかけ、別の保育者がほかの子を見る、と役割分担を決めています。

行動発達心理学の視点から

コミュニケーション力チェックでは、気になる行動につながるような数値は見られません。Sちゃんが走り回るのは、発達的な問題ではなく、ただ走るのが好き、楽しい、という可能性が高そうです。動きを止めることを考えるより、走る以上に楽しいことを見つけることがポイントではないでしょうか。

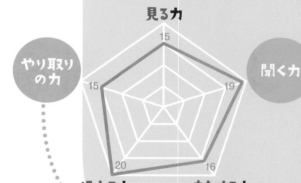

見る力 15
聞く力 19
まねする力 16
伝える力 20
やり取りの力 15

●見る力 チェックリスト

1	人の顔をじっと見る。	1
2	あそんでいるときやうれしいときに、笑顔で視線を合わせる。	2
3	絵本、おもちゃなどをじっと見る。	2
4	おもちゃや人の動きを目で追う。	2
5	ほかの子のことを、興味をもって見る。	1
6	本の中の絵や写真を指さすと、指さした所を見る。	2
7	「ワンワン」「消防車」などと言いながら遠くにある物を指さすと、その方向を見る。	2
8	興味をもった物を指さして、相手に見せようとする。	1
9	好きな物、おもちゃ、絵本を大人に見せようと持ってきたり、大人をその場所に連れて行ったりする。	1
10	集中してあそんでいても、周囲の状況に応じた反応をする（好きな保育者が見当たらなかったら探そうとする　など）。	1
	見る力　計	15

**聞く力は十分なのに、
行動を止める指示だけ
通じないことがある
ということは……**

●注意・集中して聞くことができる時間が短いのかもしれない。
●「止まる」の意味がわかっていないのかもしれない。

●聞く力 チェックリスト

1	名前を呼ばれると、相手を見たり返事をしたりする。	2
2	「ママ」「先生」など人の名前を言うと、その人を見たり指さしたりする。	2
3	身体部位の名称（頭・鼻など）を言うと、そこを見たり指さしたりする。	2
4	身近な食べ物、飲み物の名称を言うと、それを見たり指さしたりする。	2
5	普段目にしている動物やキャラクターの名前を言うと、手に取ったり指さしたりする。	2
6	身の回りの物の名称（帽子、靴など）を言うと、手に取ったり指さしたりする。	2
7	簡単な色の名称を言うと、手に取ったり指さしたりする。	2
8	身振りを伴う簡単な指示（「ちょうだい」「立って」など）に応じる。	2
9	二語文の指示（「○○先生に渡して」「ここに入れて」など）に応じる。	2
10	「おしまい」「止まって」などの指示に応じる。	1
	聞く力　計	19

●まねする力 チェックリスト

1	手や腕の動き（バイバイ、ばんざい、拍手など）をまねする。	2
2	指先の動き（グーパー、1・2など）をまねする。	1
3	足の動き（ジャンプ、足踏み、くるくる回るなど）をまねする。	1
4	手あそびをまねする。	2
5	物（ミニカーや積み木など）を使ったあそびの動きをまねする。	2
6	単音（ア、ウ、マ、バなど）をまねて言う。	2
7	単語（ママ、クックなど）をまねて言う。	2
8	二語文（「お茶ちょうだい」「電車、走ってる」など）をまねする。	2
9	口の形（アーン、イー、舌を出すなど）をまねする。	1
10	笑った顔、怒った顔など、表情をまねする。	1
	まねする力　計	16

●伝える力 チェックリスト

1	欲しい物を、指さしや声で伝える。	2
2	手助けが必要なときに、大人の手を引いたり、物を渡したりして伝える。	2
3	名前を呼ばれると、手をあげたり、「はーい」と返事をしたりする。	2
4	「ママ」「タタ」など繰り返しの言葉を言う。	2
5	身体部位の名称（オメメ、ポンポンなど）を自分から言う（幼児語でも不明瞭でもよい）。	2
6	身の回りの物の名称を自分から言う（幼児語でも不明瞭でもよい）。	2
7	動物やキャラクターの名前を自分から言う（幼児語でも不明瞭でもよい）。	2
8	欲しい物があるときに、「ちょうだい」や物の名前を言う（不明瞭でもよい）。	2
9	「やって」「開けて」など手助けを求める言葉を言う。	2
10	「先生、来て」「ボール、ちょうだい」など二語文で伝える。	2
	伝える力　計	20

**あそぶことは好きなのに、
走り回るということは……**

●やることがなくて、走ってしまうのかもしれない。
●エネルギーが発散できていないのかもしれない。

●やり取りの力 チェックリスト

1	あそぶと、笑って喜ぶ。	2
2	おもちゃや絵本などで、一人であそぶ。	2
3	見立てあそびをする。	1
4	あそんでほしいときに、自分からおもちゃや絵本を持ってきたり、「やって」「あそぼ」などと言ってあそびに誘う。	1
5	1つのおもちゃで、ほかの人と一緒にあそぶ。	1
6	おもちゃがなくても、ほかの人と一緒にあそぶ（おいかけっこ、手あそび歌など）。	1
7	簡単なお手伝いをしようとする。	2
8	ほかの人と、おもちゃの交換をする。	2
9	おもちゃや遊具などの順番を待つ。	1
10	「おしまい」「あとで」など、あそびを区切る動作や、はっきりした言葉の指示に応じる。	2
	やり取りの力　計	15

Part.2

Sちゃんへの支援を考えてみよう

で示した考え方 (仮説) に基づいて、Sちゃんへの支援を考えてみました。

聞く力
の
視点から

●注意・集中して聞くことができる時間が短いのかもしれない。

↓

注意を持続させる話し方を工夫する

話の途中で飽きてしまわないよう、次の
ようなことに配慮して話してみましょう。

①しっかり視線を合わせる。
②話している間はSちゃんの両手を軽く
　握る。
③「今からお話しするから聞いてね」と
　予告をする。
④内容を短い言葉で伝える。
⑤保育者の言葉を復唱してもらう。
⑥話の途中で注意力が切れたら、優しく
　名前を呼んで注意を戻す。

お話しするから
聞いてね

帽子をかぶります

よく
できたね

お散歩
行くよー

なお、話すときには、複数のことを続けて
言わず、1つ1つ区切って伝えましょう。
例えば、「帽子をかぶってお散歩に行きま
す」ではなく、「帽子をかぶります」でひと
区切り。それで、帽子をかぶったら褒め、
次に「お散歩に行きます」と言い、玄関に
行ったらそこでまた褒める……という具合
に、1つずつ伝えて、行動できたら褒める、
というサイクルを繰り返します。

● 「止まる」の意味がわかっていないのかもしれない。

↓

「止まるあそび」を楽しむ

走っても止まることができれば、問題は減らせるかもしれません。みんなで「止まる」あそびをしてみましょう。
音楽をかけて走り回り、保育者のかけ声と同時に音楽を止め、それと同時に動きもストップ。子どもは走ることが楽しいので、止まる時間は短くし、すぐに走れるようにします。ポイントは、実際に保育者が使う言葉（「止まって」「止まります」「ストップ」など）をそのまま使うこと。これで止まれるようになったら、普段止まってほしいときの声かけも、全職員で統一しましょう。

止まります！

ピタッ！

**やり取り
の力**
の視点から

● やることがなくて、
　走ってしまうのかもしれない。

↓

やることを明確にする

これを
A先生に
持っていってね

何もすることがない、ひまだと感じたとき、より楽しい "走る" 行動に移ってしまうのでしょう。やることを明確にして、ひまだと感じさせないことが大切です。例えば、お手伝いはどうでしょう。途中で気がそれないよう、手に物を持ってもらうとよいでしょう。「何かをしている時間」が長くなり、結果的に走り回る時間が減っていきます。

● エネルギーが発散できていないの
　かもしれない。

↓

動いてエネルギーを使い切る

動きをただ止めているだけだと、その走りたい衝動が別の形で表れることがあります。走らない時間を作る一方で、思いっ切り走って発散することも必要です。走りたいというエネルギーを、どうやって発散していくかを考えることも大切です。

まて〜

キャー

キャー

気になる CASE 9

気になる
CASE **9**

Rちゃんは、アニメのセリフばかり言っています。

Rちゃん（2歳児・2歳7か月）

喃語がほとんどなく、2歳まで全くおしゃべりをしなかったのが、2歳半を過ぎて突然おしゃべりを始めたRちゃん。ただ、大好きな電車アニメのセリフをそのまま言っているようで会話にはなりません。質問をしても、無視をするかオウム返し。「〇〇だよ」と答えを教え、そのやり取りを覚えると次の質問では答えられるのですが、セリフ口調なのが気になります。電車が好きで非常に詳しく、名前や特徴を保育者に教えてくれます。

短期間で有意味語を話すようになった要因の一つは、まねする力にありそうです。まねする力を最大限利用して語いを収集している時期なのでしょう。今後は、アニメで覚えた語いを会話に活用し、日常生活に広げていくような工夫が大切です。

しゅっぱつ
しんこう
はやいよ
はやいよ

おしゃべり上手ね〜

そこで担任は…

意思の疎通ができている感触はなく、ひとり言が気になりますが、せっかくおしゃべりができるようになったので、特に指摘はしていません。覚えた言葉でどのようにやり取りをしたら、双方向のコミュニケーションが取れるようになるのかを模索しています。

そして
〇〇〇ごう
さいそく
スピード!!

どうしたものか…

ゴー
ゴー

見る力

聞く力

やり取り
の力

12

12

10

15

14

伝える力

まねする力

●見る力 チェックリスト

1	人の顔をじっと見る。	1
2	あそんでいるときやうれしいときに、笑顔で視線を合わせる。	1
3	絵本、おもちゃなどをじっと見る。	2
4	おもちゃや人の動きを目で追う。	2
5	ほかの子のことを、興味をもって見る。	1
6	本の中の絵や写真を指さすと、指さした所を見る。	1
7	「ワンワン」「消防車」などと言いながら遠くにある物を指さすと、その方向を見る。	1
8	興味をもった物を指さして、相手に見せようとする。	1
9	好きな物、おもちゃ、絵本を大人に見せようと持ってきたり、大人をその場所に連れて行ったりする。	1
10	集中してあそんでいても、周囲の状況に応じた反応をする（好きな保育者が見当たらなかったら探そうとする　など）。	1
	見る力　計	12

●聞く力 チェックリスト

1	名前を呼ばれると、相手を見たり返事をしたりする。	1
2	「ママ」「先生」など人の名前を言うと、その人を見たり指さしたりする。	1
3	身体部位の名称（頭・鼻など）を言うと、そこを見たり指さしたりする。	1
4	身近な食べ物、飲み物の名称を言うと、それを見たり指さしたりする。	1
5	普段目にしている動物やキャラクターの名前を言うと、手に取ったり指さしたりする。	1
6	身の回りの物の名称（帽子、靴など）を言うと、手に取ったり指さしたりする。	1
7	簡単な色の名称を言うと、手に取ったり指さしたりする。	1
8	身振りを伴う簡単な指示（「ちょうだい」「立って」など）に応じる。	2
9	二語文の指示（「○○先生に渡して」「ここに入れて」など）に応じる。	2
10	「おしまい」「止まって」などの指示に応じる。	1
	聞く力　計	12

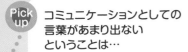

Pick up

言葉をそのまま
まねることはできるが、
会話にならない
ということは…

●言葉のバリエーションが、まだ
　少ないのかもしれない。
●語いを獲得している時期なのか
　もしれない。

●まねする力 チェックリスト

1	手や腕の動き（バイバイ、ばんざい、拍手など）をまねする。	2
2	指先の動き（グーパー、1・2など）をまねする。	2
3	足の動き（ジャンプ、足踏み、くるくる回るなど）をまねする。	1
4	手あそびをまねする。	1
5	物（ミニカーや積み木など）を使ったあそびの動きをまねする。	1
6	単音（ア、ウ、マ、パなど）をまねて言う。	1
7	単語（ママ、クックなど）をまねて言う。	2
8	二語文（「お茶ちょうだい」「電車、走ってる」など）をまねする。	2
9	口の形（アーン、イー、舌を出すなど）をまねする。	1
10	笑った顔、怒った顔など、表情をまねする。	1
	まねする力　計	14

●伝える力 チェックリスト

1	欲しい物を、指さしや声で伝える。	2
2	手助けが必要なときに、大人の手を引いたり、物を渡したりして伝える。	2
3	名前を呼ばれると、手をあげたり、「は〜い」と返事をしたりする。	2
4	「ママ」「ワタ」など繰り返しの言葉を言う。	1
5	身体部位の名称（オメメ、ポンポンなど）を自分で言う（幼児語でも不明瞭でもよい）。	1
6	身の回りの物の名称を自分から言う（幼児語でも不明瞭でもよい）。	1
7	動物やキャラクターの名前を自分から言う（幼児語でも不明瞭でもよい）。	2
8	欲しい物があるときに、「ちょうだい」や物の名前を言う（不明瞭でもよい）。	2
9	「やって」「開けて」など手助けを求める言葉を言う。	1
10	「先生、来て」「ボール、ちょうだい」など二語文で伝える。	1
	伝える力　計	15

Pick up

コミュニケーションとしての
言葉があまり出ない
ということは…

●質問の言葉が難しいのかもしれ
　ない。

●やり取りの力 チェックリスト

1	あそぶと、笑って喜ぶ。	1
2	おもちゃや絵本などで、一人であそぶ。	2
3	見立てあそびをする。	1
4	あそんでほしいときに、自分からおもちゃや絵本を持ってきたり、「やって」「あそぼ」などと言ってあそびに誘う。	1
5	1つのおもちゃで、ほかの人と一緒にあそぶ。	1
6	おもちゃがなくても、ほかの人と一緒にあそぶ（おいかけっこ、手あそび歌など）。	1
7	簡単なお手伝いをしようとする。	1
8	ほかの人と、おもちゃの交換をする。	0
9	おもちゃや遊具などの順番を待つ。	1
10	「おしまい」「あとで」など、あそびを区切る動作や、はっきりした言葉の指示に応じる。	1
	やり取りの力　計	10

Pick up

ほかの人とのやり取りが
あまり見られない
ということは…

●コミュニケーションの基本が、
　わかっていないのかもしれない。

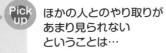

Part 2

Rちゃんへの支援を考えてみよう

 で示した考え方（仮説）に基づいて、Rちゃんへの支援を考えてみました。

まねする力
の
視点から

●言葉のバリエーションが、まだ少ないのかもしれない。

会話のやり取りをセットで伝える

おしゃべりを始めてからまだ半年と考えれば、オウム返しも、ひとり言が多いのも理解できます。おしゃべりができているということを認め、少しずつコミュニケーションとしての言葉のバリエーションを伝えていきましょう。最初はセリフ口調でもよいので、「行ってきます→行ってらっしゃい」「お帰り→ただいま」などのやり取りをセットで伝えていきます。気持ちがこもっていないように聞こえても、まずはやり取りのセットを覚えられれば十分です。

●語いを獲得している時期なのかもしれない。

好きなセリフを会話の糸口に使う

アニメのセリフばかり言う状態がしばらく続いた後、そのセリフを切り貼りしながら適切な文章を話すようになることは少なくありません。どのくらいで、セリフを切り貼りするようになるのかは個人差がありますが、覚えた言葉と文章が一定量を超えると、切り貼りが始まるようです。一般的には身近な人の会話のまねが多いのですが、Rちゃんの場合にはその見本がアニメということなのでしょう。アニメの言葉が覚えやすいのであれば、それでもOK。保育者がセリフを覚えて「〇〇も△△って言っていたね」などと言ってみると、会話の糸口が見つかるかもしれません。

伝える力 の 視点から

●質問の言葉が難しいのかもしれない。

↓

答えたくなる質問をする

「これは何？」

「かがやき！」

「楽しかった？」と気持ちを聞く質問や、「今日誰とあそんだの？」など答えが複数ある質問は難しいのかもしれません。Rちゃんが答えられる（もしくは答えたい）質問で、コミュニケーション（やり取り）の練習をしてみましょう。Rちゃんのように、興味の幅は狭くても深い知識がある子には、そこを問う質問がいいでしょう。

「これ何（電車の名前）？」「○○は速い？」「△△は何色？」「Rちゃんは、××のおもちゃ何個持っているの？」

これらの質問を通して、速さや色、数など、いろいろな概念を伝えることもできます。

やり取り の力 の視点から

●コミュニケーションの基本が、わかっていないのかもしれない。

↓

ボールのやり取りでコミュニケーション

質問に答える、あいさつされたら返事をする、といった基本的なやり取りが理解できていないのかもしれません。ボールを使ってやり取りを体験してみましょう。
一人がボールを渡したら、相手が受け取り、ボールを返す、という単純なやり取り。物を使うとコミュニケーションの基本をわかりやすく伝えることができます。
集中できるよう、鈴入りで音のするボールを使うとよいでしょう。

①まずは、普通にキャッチボール。

○○1号！

②キャッチボールがスムーズにできるようになったら、言葉をつけて（例えば電車キャラクターの名前を言いながら）。

「お名前は？」

「R！」

③「何歳？」「○歳」「お母さんのお名前は？」「○○」など、ボールのやり取りに言葉のやり取りを重ねる。

Part.2

気になる CASE 10　Uちゃんは、自分の世界に没頭し、マイペースな子どもです。

Uちゃん（2歳児・2歳11か月）

プリンセスな世界が大好きなUちゃん。ヒラヒラの洋服やキラキラした物が大好きで、かわいい服を着た自分の姿を鏡で見てはうっとり、自由あそびのときには一人でアニメの世界を再現しています。集団活動にはタイミングが合えば参加しますが、今やっていることが終わらないと「ちょっと待って」と言って参加せず、自分のペースを崩されると泣いて嫌がります。

保育者は、マイペースすぎることを気にしていますが、5つの力はすべてバランスよく育っています。やり取りの力の、ほかの子とのあそびと、あそびの切り替えの項目のみ1点ということで、今後、その部分を意識してかかわることで、集団への参加や子ども同士のかかわりについては育っていくでしょう。

そこで担任は…

基本的には見守る姿勢で、「プリンセスみたい？」と聞いてきたら、「かわいい。プリンセスみたいだね」と返します。自分のペースを崩されるのが嫌で、集団活動に参加しないこともありますが、このままUちゃんのペースを守っていてよいのか、もう少し集団のペースに合わせられるように援助したほうがよいのか迷います。

見る力 20
聞く力 20
まねする力 20
伝える力 20
やり取りの力 18

●見る力 チェックリスト

1	人の顔をじっと見る。	2
2	あそんでいるときやうれしいときに、笑顔で視線を合わせる。	2
3	絵本、おもちゃなどをじっと見る。	2
4	おもちゃや人の動きを目で追う。	2
5	ほかの子のことを、興味をもって見る。	2
6	本の中の絵や写真を指さすと、指さした所を見る。	2
7	「ワンワン」「消防車」などと言いながら遠くにある物を指さすと、その方向を見る。	2
8	興味をもった物を指さして、相手に見せようとする。	2
9	好きな物、おもちゃ、絵本を大人に見せようと持ってきたり、大人をその場所に連れて行ったりする。	2
10	集中してあそんでいても、周囲の状況に応じた反応をする（好きな保育者が見当たらなかったら 探そうとする など）。	2
	見る力 計	20

●聞く力 チェックリスト

1	名前を呼ばれると、相手を見たり返事をしたりする。	2
2	「ママ」「先生」など人の名前を言うと、その人を見たり指さしたりする。	2
3	身体部位の名称（頭・鼻など）を言うと、そこを見たり指さしたりする。	2
4	身近な食べ物、飲み物の名称を言うと、それを見たり指さしたりする。	2
5	普段目にしている動物やキャラクターの名前を言うと、手に取ったり指さしたりする。	2
6	身の回りの物の名称（帽子、靴など）を言うと、手に取ったり指さしたりする。	2
7	簡単な色の名称を言うと、手に取ったり指さしたりする。	2
8	身振りを伴う簡単な指示（「ちょうだい」「立って」など）に応じる。	2
9	二語文の指示（「○○先生に渡して」「ここに入れて」など）に応じる。	2
10	「おしまい」「止まって」などの指示に応じる。	2
	聞く力 計	20

●まねする力 チェックリスト

1	手や腕の動き（バイバイ、ばんざい、拍手など）をまねする。	2
2	指先の動き（グーパー、1・2など）をまねする。	2
3	足の動き（ジャンプ、足踏み、くるくる回るなど）をまねする。	2
4	手あそびをまねする。	2
5	物（ミニカーや積み木など）を使ったあそびの動きをまねする。	2
6	単音（ア、ウ、マ、バなど）をまねて言う。	2
7	単語（ママ、クックなど）をまねて言う。	2
8	二語文（「お茶ちょうだい」「電車、走ってる」など）をまねする。	2
9	口の形（アーン、イー、舌を出すなど）をまねする。	2
10	笑った顔、怒った顔など、表情をまねする。	2
	まねする力 計	20

●伝える力 チェックリスト

1	欲しい物を、指さしや声で伝える。	2
2	手助けが必要なときに、大人の手を引いたり、物を渡したりして伝える。	2
3	名前を呼ばれると、手をあげたり、「はーい」と返事をしたりする。	2
4	「ママ」「タタ」など繰り返しの言葉を言う。	2
5	身体部位の名称（オメメ、ポンポンなど）を自分から言う（幼児語でも不明瞭でもよい）。	2
6	身の回りの物の名称を自分から言う（幼児語でも不明瞭でもよい）。	2
7	動物やキャラクターの名前を自分から言う（幼児語でも不明瞭でもよい）。	2
8	欲しい物があるときに、「ちょうだい」や物の名前を言う（不明瞭でもよい）。	2
9	「やって」「開けて」など手助けを求める言葉を言う。	2
10	「先生、来て」「ボール、ちょうだい」など二語文で伝える。	2
	伝える力 計	20

●やり取りの力 チェックリスト

1	あそぶと、笑って喜ぶ。	2
2	おもちゃや絵本などで、一人であそぶ。	2
3	見立てあそびをする。	2
4	あそんでほしいときに、自分からおもちゃや絵本を持ってきたり、「やって」「あそぼ」などと言ってあそびに誘う。	2
5	1つのおもちゃで、ほかの人と一緒にあそぶ。	2
6	おもちゃがなくても、ほかの人と一緒にあそぶ（おいかけっこ、手あそび歌など）。	1
7	簡単なお手伝いをしようとする。	2
8	ほかの人と、おもちゃの交換をする。	2
9	おもちゃや遊具などの順番を待つ。	2
10	「おしまい」「あとで」など、あそびを区切る動作や、はっきりした言葉の指示に応じる。	1
	やり取りの力 計	18

Pick up

聞く力は十分なのに、
あそびを区切る指示に
応じられないことがある
ということは…

●気持ちの切り替えに、時間が
　かかるのかもしれない。
●没頭すると、周りが見えなく
　なってしまうのかもしれない。

Pick up

ほかの子と
あそぶことはあるが、
自分のあそびをやめてまで
集団活動に参加しない
ということは…

●興味の幅が狭いのかもしれない。
●ほかの子に、あまり興味がない
　のかもしれない。

part 2

Part.2

Uちゃんへの支援を考えてみよう

Pick up で示した考え方（仮説）に基づいて、Uちゃんへの支援を考えてみました。

聞く力 の視点から

●気持ちの切り替えに、時間がかかるのかもしれない。

長い針が プリンセスの所に 来たら、手を 洗おうね

プリンセスだー！

時間の見通しをはっきり示す

Uちゃんの年齢では、一日の流れはなんとなくわかっていても、すぐに切り替えができるほど時間の見通しを立てるのは難しいでしょう。アナログ時計の数字の所に、Uちゃんが好きなシールを貼って、「長い針がプリンセスの所にきたら手を洗おうね」などと声かけをしてみるのもいいでしょう。

●没頭すると、周りが見えなくなってしまうのかもしれない。

行動の少し前から声をかける

じっくりあそべるのは大切なことですが、自分の世界に入りっぱなしの場合、現実世界に戻してあげることも必要です。活動の切り替わる少し前から、「Uちゃん、○○先生が帰ってきたらお散歩に行こうね」「もう少ししたらご飯だよ」など、Uちゃんのあそびを邪魔しないタイミングをみて事前予告をし、心の準備ができるようにしていきましょう。

先生が帰ってきたらお散歩行くよー

やり取りの力
の視点から

●興味の幅が狭いのかもしれない。

↓

好きな世界を日常に取り入れる

基本的にはUちゃんの世界に合わせる形にしましょう。Uちゃんが自分の好きな世界を楽しみながら、ほかのあそびも体験できるとよいでしょう。例えば、部屋を移動するときに「シンデレラ、馬車に乗っていきましょう」と誘い、ひもを輪にした物に入って移動するのもいいでしょう。いかにUちゃんの世界を崩さず、現実世界に誘い込むかがポイントです。

シンデレラ、馬車に乗って行きましょう

これ、Aちゃんに渡してね

●ほかの子に、あまり興味がないのかもしれない。

↓

子ども同士の仲立ちをする

少しずつ子ども同士のかかわる機会を作っていきましょう。ただ、一緒にあそぼうと誘うだけでなく、「○○ちゃんに××って言ってきて」「○○ちゃんに渡してきて」など保育者が橋渡しをします。物の受け渡しがあると、よりスムーズにかかわることができます。

気になる CASE 11

Oちゃんは、言葉は理解しているのに話さない子どもです。

Oちゃん（2歳児・3歳1か月）

いつもニコニコしていて、友達とも楽しそうにあそんでいます。今すぐにでも話しそうな様子なのですが、全く言葉を発しません。保護者の話では喃語もあまり出なかったそうです。身振りで気持ちを伝えるし、かんしゃくを起こすこともないので、特に困ったことはないのですが……。

やだ
ぼくもやるー
ボールやるー

行動発達心理学の視点から

聞く力も、やり取りの力も十分育っていますが、伝える力がやや弱いようです。今は特に困ってはいないようですが、今後複雑になっていく自分の気持ちを伝えられず、かんしゃくを起こしたり不適切な行動をしたりする可能性もあります。気持ちが安定していてやり取りの意欲の高い今こそ積極的に支援をしていく時期でしょう。

見る力 20
聞く力 19
やり取りの力 18
6
まねする力 13

伝える力

そこで担任は…

Oちゃんがしていることを言葉にして伝えたり、イエス・ノーで答えられる質問をしたりしてコミュニケーションを取っています。たまにOちゃんが声を出したときには「すごいね」と言って褒めてはいますが、本人はニコニコするばかり。おしゃべりを引き出すことにはつながらず、どうしたものかと思っています。

Oちゃんプリン作ってるの？

おいしそうね〜

●見る力 チェックリスト

1	人の顔をじっと見る。	2
2	あそんでいるときやうれしいときに、笑顔で視線を合わせる。	2
3	絵本、おもちゃなどをじっと見る。	2
4	おもちゃや人の動きを目で追う。	2
5	ほかの子のことを、興味をもって見る。	2
6	本の中の絵や写真を指さすと、指さした所を見る。	2
7	「ワンワン」「消防車」などと言いながら遠くにある物を指さすと、その方向を見る。	2
8	興味をもった物を指さして、相手に見せようとする。	2
9	好きな物、おもちゃ、絵本を大人に見せようと持ってきたり、大人をその場所に連れて行ったりする。	2
10	集中してあそんでいても、周囲の状況に応じた反応をする（好きな保育者が見当たらなかったら 探そうとする　など）。	2
	見る力 計	20

●聞く力 チェックリスト

1	名前を呼ばれると、相手を見たり返事をしたりする。	2
2	「ママ」「先生」など人の名前を言うと、その人を見たり指さしたりする。	2
3	身体部位の名前（頭・鼻など）を言うと、そこを見たり指さしたりする。	2
4	身近な食べ物、飲み物の名前を言うと、それを見たり指さしたりする。	2
5	普段目にしている動物やキャラクターの名前を言うと、手に取ったり指さしたりする。	2
6	身の回りの物の名前（帽子、靴など）を言うと、手に取ったり指さしたりする。	2
7	簡単な色の名前を言うと、手に取ったり指さしたりする。	2
8	身振りを伴う簡単な指示（「ちょうだい」「立って」など）に応じる。	2
9	二語文の指示（「○○先生に渡して」「ここに入れて」など）に応じる。	1
10	「おしまい」「止まって」などの指示に応じる。	2
	聞く力 計	19

●まねする力 チェックリスト

1	手や腕の動き（バイバイ、ばんざい、拍手など）をまねする。	2
2	指先の動き（グーパー、1・2など）をまねする。	2
3	足の動き（ジャンプ、足踏み、くるくる回るなど）をまねする。	2
4	手あそびをまねする。	2
5	物（ミニカーや積み木など）を使ったあそびの動きをまねする。	2
6	単音（ア、ウ、マ、パなど）をまねて言う。	1
7	単語（ママ、クックなど）をまねて言う。	0
8	二語文（「お茶ちょうだい」「電車、走ってる」など）をまねて言う。	0
9	口の形（アーン、イー、舌を出すなど）をまねする。	1
10	笑った顔、怒った顔など、表情をまねする。	1
	まねする力 計	13

Pick up

ジェスチャーで
伝えることはあるが、
音声の言葉がほとんどない
ということは…

●呼吸を調整する力が弱いのか
もしれない。
●言葉のもととなる「音」が少
ないのかもしれない。

Pick up

「ママ」「タタ」など
繰り返しの言葉は、
たまに出る
ということは…

●言葉の出はじめで、不明瞭な
のかもしれない。

●伝える力 チェックリスト

1	欲しい物を、指さしや声で伝える。	2
2	手助けが必要なときに、大人の手を引いたり、物を渡したりして伝える。	2
3	名前を呼ばれると、手をあげたり、「はーい」と返事をしたりする。	1
4	「ママ」「タタ」など繰り返しの言葉を言う。	1
5	身体部位の名称（オメメ、ポンポンなど）を自分から言う（幼児語でも不明瞭でもよい）。	0
6	身の回りの物の名称を自分から言う（幼児語でも不明瞭でもよい）。	0
7	動物やキャラクターの名前を自分から言う（幼児語でも不明瞭でもよい）。	0
8	欲しい物があるときに、「ちょうだい」や物の名前を言う（不明瞭でもよい）。	0
9	「やって」「開けて」など手助けを求める言葉を言う。	0
10	「先生、来て」「ボール、ちょうだい」など二語文で伝える。	0
	伝える力 計	6

●やり取りの力 チェックリスト

1	あそぶと、笑って喜ぶ。	2
2	おもちゃや絵本などで、一人であそぶ。	2
3	見立てあそびをする。	2
4	あそんでほしいときに、自分からおもちゃや絵本を持ってきたり、「やって」「あそぼ」などと言ってあそびに誘う。	1
5	1つのおもちゃで、ほかの人と一緒にあそぶ。	2
6	おもちゃがなくても、ほかの人と一緒にあそぶ（おいかけっこ、手あそび歌など）。	1
7	簡単なお手伝いをしようとする。	2
8	ほかの人と、おもちゃの交換をする。	2
9	おもちゃや遊具などの順番を待つ。	2
10	「おしまい」「あとで」など、あそびを区切る動作や、はっきりした言葉の指示に応じる。	2
	やり取りの力 計	18

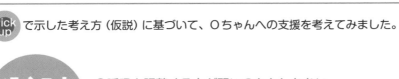

Oちゃんへの支援を考えてみよう

Pick up で示した考え方（仮説）に基づいて、Oちゃんへの支援を考えてみました。

伝える力 の 視点から

●呼吸を調整する力が弱いのかもしれない。

⬇

笛で呼吸をコントロールする

縦笛を使って、吹くあそびをやってみましょう。はじめは吹き口の部分だけ使い、とにかく音を出してみます。短音でも、好きなように音を出してもOK。慣れてきたら少し息を続けて音を出せるようにします。「いーち、にー」と、保育者がカウントしてもよいでしょう。
それができるようになったら、笛の下部分を逆向きに付け、保育者が指の部分を担当して曲の演奏にも挑戦してみましょう。これらのあそびは呼吸のコントロールの練習にもなりますが、口周りの筋肉強化と運動調整にも役立ちます。口の筋肉が弱くてよだれが多い子も、これを続けると徐々に口をしっかり閉じられるようになります。

ソプラノ笛

①はじめは、ここ（上部）だけを取って使う。

②次に、この部分を180度回し、①に付けて使う（7つの穴が後ろ側に回る）。

上部（①）だけ持って自由に吹く。短い音でOK。

上部（①）だけで、少し長い音を吹いてみる。

下部（②）を180度回転させて付け、吹いてみる。保育者が指の動きを担当して、演奏体験。

●言葉のもととなる「音」が少ないのかもしれない。

体を使ったあそびで声（音）を出す

言葉を話すには、音が必要。笑い声も、興奮してキャーキャー言う声も、声につながる大切な音です。その音を出すためには、体を使ったあそびが最適です。おいかけっこや、くすぐりっこをしたり、ギューッと抱きしめてスキンシップなどを楽しみ、声を出す機会を作りましょう。クラスみんなで楽しむと、より盛り上がっていいでしょう。

●言葉の出はじめで、不明瞭なのかもしれない。

まね＋正しい言葉で返す

少し声が出るようになったら、保育者は0ちゃんが言った言葉をそのまままねて、さらに正しい言葉を加えて返します。子どもは自分のまねをされるとうれしいので、さらにまねをしてきます。それを繰り返すことが言葉の練習につながります。
保育者はなるべく0ちゃんが言ったそのままをまねすること。また、おしゃべりを始めてしばらくは、多少間違っていても注意しないようにしてください。言葉の出はじめのときに注意をすると、おしゃべり自体をやめてしまう子もいます。しばらくの間は、声を出したこと、しゃべったことだけでも褒めるようにしましょう。

コミュニケーション力を育てる
「応用行動分析学」

本書の解説内容の背景には、応用行動分析学という学問があります。
子どものコミュニケーション力育てに、応用行動分析学の研究成果が
どのように活かされているのか、解説していきましょう。

解説 山本淳一

応用行動分析学に基づく支援とは

　子どもの行動には、原因があります。その原因を明らかにして、対応方法、支援方法を作り上げてきたのが、「応用行動分析学（Applied Behavior Analysis）」です。

　1968 年から営々と科学的研究を積み上げてきており、クーパー教授らによる国際的な標準となる教科書[注1]も翻訳されています。本書には、それらの研究で得られた効果的な支援方法を、実際の保育場面でどのように活用するかについても十分に盛り込んでいます。応用行動分析学による支援方法を簡潔に表すと、以下のようになります。

① 得意な行動・できる行動・適切な行動に注目する。

② それらを引き出すようなヒントや手がかりを見せる（聞かせる）工夫をする。

　　例えば…
　　●子どもが大人に十分注意を向けてからかかわる
　　●次にどういうことが起こるかを、子どもにはっきりと示して見通しを
　　　与えてからかかわる　　　など

③ 適切な行動が出たら、具体的にどこがよかったかを示しながら褒める。
　　十分に認める。

　これらを細かく分け、具体例を加えたものを、P72 から「コミュニケーション力を育てる Point10」として紹介していますので、あわせてご覧ください。

行動の法則を保育に活かす

　このほか、応用行動分析学が見出してきた重要な法則として、「適切な行動が増えれば、問題行動は減る」ということがあります。

　私たちは、子どもの気になる行動、問題行動を見つけると、それを減らそうとしますが、行動を減らそうとして子どもとかかわると、子どもの感情的反発を生み出したり、逆に問題行動が増えてしまうことがあります。

　ですから、子どもへの支援は、適切な行動を増やすことに集中するのが最も有効な方法です。

　子どもの行動の特徴とまわりのかかわりがうまく一致しているときには、行動が安定します。一方、それがずれているときには、問題行動が起こりやすくなります。安定したかかわりの中で、子どものコミュニケーション力を高めることで、大人と子どもの双方が、お互いに笑顔で保育を進められるよう努めましょう。

注1
クーパー，J.O.，ヘロン，T. E.，& ヒューワード，W.L.『応用行動分析学　第 2 版』中野良顯訳，明石書店，2013 年．

行動発達心理学・行動発達支援法を保育に活かす

　コミュニケーション力の発達は、いくつかの行動からなっています。

　大人からのかかわりを受け取り、理解するコミュニケーション行動（大人→子ども）を増やすには、「見る力」「聞く力」を高めます。子どもから大人に発信し、自分を表現するコミュニケーション行動（子ども→大人）を増やすには「伝える力」を高めます。両方向からのコミュニケーションのキャッチボール（大人⇄子ども）を増やすには「やり取りの力」を高めます。コミュニケーション力が弱い場合には、「まねする力」を高めて、ステップ・バイ・ステップで少しずつできる行動を増やしていきます。

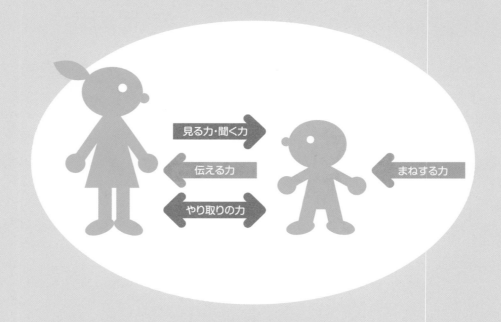

　このように、応用行動分析学が積み上げてきた行動の法則と、発達心理学が明らかにしてきた発達の要素を統合することで、「行動発達心理学」という新しい枠組みができました。

同時に、応用行動分析学と、これまで効果が実証されてきた数多くの発達支援方法を統合して、「行動発達支援法」という支援方法の体系ができあがっています。この方法は、シュライブマン教授を中心に、国際的な研究で多くの成果を上げてきた研究者・実践家がその成果を統合したものです[注2]。

　本書には、このような国際的な水準の研究成果を、日本の保育の現場で十分に活用できるように具体的な方法を示してあります。みなさんは、ぜひ明日から、そしてできるところからスタートしてください。

注2
Schreibman L. et al. (2015). Naturalistic developmental-behavioral interventions: Empirically validated treatments for autism spectrum disorder. Journal of Autism and Developmental Disorders, 45, 2411-2428.

コミュニケーション力育ての **Point10**

ここでは、子どものコミュニケーション力を育てる上での、かかわり方のポイントを紹介します。
これらは、本書掲載の21ケースの解説の中に、エッセンスとして含まれています。
各ポイントには、関連するケースの参照ページを追記しているので、そのケースの解説とあわせて読むと、
より実践的な内容を深められるでしょう。

Point **1**

わかりやすい環境を作る

　わかりやすい環境を整えましょう。子どもにとってわかりやすい環境とは、「いつも同じである」こと。物の置き場や生活の流れを一定にするだけで、子どもは自分で準備をしたり、行動を切り替えたりしやすくなります。

　また、活動の場に余分な物を置かず、動きやすい動線を作るのと同時に、集中してほしいときには、周りを片付け、気が散らない環境作りも必要です。

かばんをしまう
タオルをかける
シールはり

朝の支度の動線

P.50、98も参照

Point **2**

見てわかる物を活用する

手を洗ってからおやつを食べようね

　してほしい行動やその日のスケジュールを伝えるときは、言葉だけだと、理解できないことも多いので、写真やイラストなど、見てわかる物を活用しましょう。

　どこに行くのか、何をするのか、見通しがつくと安心して活動に参加できます。また、何をするのかわからなくなったときも、表示を見直せばよいので、安心して活動できます。

P.62、80、89、94、99も参照

Point 3

注意を引いてから
かかわる

子どもに話しかける際、

①子どもの視界に入って（正面から）
②にこやかな表情で
③わかりやすい言葉で
④メリハリをつけてリズミカルに

を気をつけたうえで、目と耳、両方に語りかけます。

相手に注目して話を聞くことが苦手な子には、好きなおもちゃや人形を大人の目の近くで見せながら話すとよいでしょう。

何か行動を促す際も、必ず子どもの前に行き、注意を十分に引いてから、話しかけます。その際、行動の見通しがもてるような写真や絵を見せながら伝えると、より注目しやすくなります。

P.26、35、54、91、102も参照

Point 4

さりげなく
ヒントを出す

してほしいことを伝えたり、行動を促したりする際は、子どもの行動がスムーズに進むよう、さりげなくヒントを出してもいいでしょう。

例えば、「貸して」と言ってほしい場面で、「かし……」と途中まで小声で言って、言葉を促すなどして、まねする力を活用するのです。

言葉だけでなくジェスチャーを入れたり、どうしても伝わらない場合は、正解を見せたり、手を取って動きを教えてもOK。大事なのは、適切な行動を確実に終わらせ、成功体験を味わえるようにすることです。

P.67、81、120も参照

Point 5

1回の指示は
1つにする

　あれもこれも一度に伝えると、子ども
は混乱します。何か行動を促したり、教
えたりするときは1つずつ伝え、それが
できたら次に進む、というようにステッ
プバイステップで進めます。

　やってほしくないことを伝えるときも、
あれもダメ、これもダメではなく、1つ
に絞ります。いま、何がいちばん大切か、
大人が優先順位を決めたうえで、伝えま
しょう。

P.54、90、99も参照

Point 6

「ダメ」と、
「こうすればよい」とを
セットで伝える

　不適切な行動を注意するときは、「こ
うすればよい」という適切な行動をセッ
トで伝えましょう。「ダメ」だけだと、
どうしたらいいのかわからないので、失
敗を繰り返すこととなり、結果的に怒ら
れる回数が増え、自己肯定感が下がるこ
とにつながります。

　「不適切な行動を減らす」よりも、「適
切な行動を増やす」ように発想を転換し
ましょう。

　4、5歳以上なら、子どもにどうした
らいいかを考えるよう促してもいいで
しょう。選択肢を見せて、「どっちにす
る？」と選択させるのもよい方法です。
自分で選択し決めることは、モチベー
ションを上げる効果もあります。

P.94、95、114も参照

Point 7

すぐに、はっきりと褒める

子どもがよい行動をしたら、その場ですぐに褒めましょう。表情豊かに、言葉にリズムをつけて、子どもに十分伝わるように褒めます。

気になる行動をする子も、それがなくなる機会をうかがって、少しでもよい行動が現れたら、褒めるようにします。

自分で泣きやんでコミュニケーションがとれるようになったら、我慢できたことを褒める。

P.50、121も参照

Point 8

いろいろな形で褒める

ワンパターンでなく、いろいろな形で褒めることも大事。褒め言葉（「上手ね」「すごいね」）、指でも丸を作ってみせる、頭をなでる、ハイタッチする、など。子どもの行動や言葉を繰り返すのも、褒めたことになります。できなかったときも「よく頑張ったね」と、努力したことを褒めましょう。

P.89も参照

Point 9

子どもの自発的な行動を待つ

　子どもが何をしたいかわかっていても、あえて少し（5秒程度）待ってみましょう。大人が先回りしすぎると、子どもは自発的に行動する必要がなくなります。

　少し待った後、適切にコミュニケーションをとってきたら、十分に褒めます。難しいようなら、少しヒントを出してもいいでしょう。

いれてほしいのね…

1、2、3、4…

P.46、80、81、119も参照

Point 10

ちょっと頑張ればできることを教える

　子どもの発達を見るとき、ほかの子と比較すると、どうしてもできないことに目が行きがちです。周りと比較せず、その子自身の成長を見つめましょう。

　また、その子自身を見るときも、著しく劣っている力ばかりに注目せず、ちょっと頑張ればできることに注目してみましょう。子どもは、できそうもないと思うと、やる前から諦めてしまい、身につきません。「今60～70％くらいできていることを100％にしよう」という考え方で、継続的に見ていくこと。そのほうが、成功体験を積み重ねやすく、モチベーションも上がります。

本書で行っているコミュニケーション力チェックも、定期的に行い、どこがどう伸びてきたか、その子自身の成長を観察することが大切です。

P.59も参照

part.3

3.4.5歳児の
コミュニケーション力
育て

子ども同士のかかわりが増える3.4.5歳児。
コミュニケーション面で気になる点が見えてくるこの時期は、
どのような対応が大切か、
事例を通して見ていきましょう。

気になる CASE 1

Eちゃんは、とてもおとなしくて落ち着いた子どもです。

Eちゃん（3歳児）

でも、保護者の声かけがなければ動かず、ぼーっとしているようにも見えます。登園しても、靴は脱がず、かばんも肩にかけたまま。手伝えば嫌がらずに応じるのですが、自分からやろうとはしません。ほかの子とのかかわりもほとんどありません。困ることはないけれど、このままでいいの？と心配です。

ぼーっ

そこで担任は…

一人でいることが好きなのかとも思いましたが、友達ともっとかかわってほしいので、「好きなおもちゃで自由にあそんでいいんだよ」と大きな声で呼びかけ、「一緒にあそぼう」と何度も誘っています。でも、あまりうれしそうではありません。恥ずかしがっているようには見えないけれど……。

行動発達心理学の視点から

点数の低い項目を見ると、集団場面で情報をキャッチし伝える力が弱いことがわかります。聞き取り、まねができないと、どう行動するのかもわかりません。

見る力 18
聞く力 11
やり取りの力 14
まねする力 13
伝える力 13

せんせー！はやく〜！

Eちゃんも一緒にあそぼう！

●見る力 チェックリスト

1	ボールや人の動きを目で追う。	2
2	1対1のかかわりの場面で相手の顔を見る。	2
3	あそんでいるときやうれしいときに、笑顔で視線を合わせる。	2
4	大人が指した所に注目する。	2
5	遠くの物（車・飛行機など）を指さした方向に注目する。	2
6	興味をもった物を持ってきて他者に見せようとしたり、その場に連れて行ったりする。	1
7	興味をもった物を指さして、相手に見せようとする。	1
8	あそびに集中していても、周囲の状況に気づく。	2
9	紙芝居や絵本に最後まで注目し続ける。	2
10	集団場面で話し手に注目し続ける。	2
	見る力 計	18

Pick up

身振りがあればわかるが、集団場面だと伝わらないということは…

● 言葉だけでは、何をすべきかわからないのかもしれない。
● みんなに向けた指示では、自分に話されているとわからないのかもしれない。

●聞く力 チェックリスト

1	名前を呼ばれると、相手を見たり返事をしたりする。	2
2	身体部位の名称（頭・鼻など）を言うと、そこを見たり指さしたりする。	1
3	身の回りの物の名称（靴・トイレなど）を言うと、そこを見たり指さしたりする（20種類程度）。	1
4	食べ物の名前を言うと、それを手に取ったり指さしたりする（20種類程度）。	1
5	「しないで」「待って」などの指示に応じる。	2
6	身振りを伴う簡単な指示（「ちょうだい」「立って」など）に応じる。	2
7	二語文の指示（「○○先生に渡して」「上に置いて」など）に応じる。	1
8	2つの連続した指示（「いすを片付けてから、ドアの所に並んで」など）に応じる。	0
9	集団場面での指示に応じる。	0
10	あそびに集中しているときでも、話しかけると適切に反応する。	1
	聞く力 計	11

Pick up

1対1ならまねできるが、全体だとまねできないということは…

● 周りの行動を見て、自然にまねすることができないのかもしれない。

●まねする力 チェックリスト

1	グー・チョキ・パーをまねする。	2
2	ジャンプ・足踏み・くるくる回るなど、大きな動作をまねする。	2
3	左右の異なる動き（右手は横、左手は上）をまねする。	1
4	手あそびをまねする。	2
5	保育者や友達のあそび方をまねする。	2
6	笑顔や怒った顔など、表情をまねする。	1
7	単語をまねて言う（10語程度）。	1
8	二語文をまねて言う（「お茶ちょうだい」「電車、走ってる」など）。	1
9	集団場面で前に出ている人（保育者など）のまねをする。	1
10	集団場面で流れ全体をまねする。	1
	まねする力 計	13

Pick up

「物」の要求はたまにするが、「行動」の要求はしないということは…

● 「自由に」「好きなように」「自分で考えてね」と言われても、どうしていいのかわからないのかもしれない。
● 人とどうかかわったらよいのかわからないのかもしれない。

●伝える力 チェックリスト

1	名前を呼ばれると「はーい」と返事をする。	2
2	「ママ」「タタ」など繰り返しの言葉を言う。	2
3	「バイバイ」「いただきます」などのあいさつを自分から言う。	1
4	身体部位の名称を言う（5か所程度）。	2
5	身の回りの物の名称を言う（10語程度）。	2
6	欲しい物を言葉で要求する（10語程度）。	1
7	「やって」「開けて」など、手助けを言葉で要求する。	0
8	拒否の言葉（「やらない」「やめて」など）を使う。	1
9	二語文（「ボールちょうだい」など）を話す。	1
10	三語文（「大きい虫、見つけた」など）以上を話す。	1
	伝える力 計	13

●やり取りの力 チェックリスト

1	保育者から離れてほかの子どもとあそぶ。	2
2	自分から「あそぼう」「入れて」など声をかける。	0
3	1つのおもちゃでほかの子どもと一緒にあそぶ。	1
4	おもちゃがなくても、ほかの子どもと一緒にあそぶ（おいかけっこ・くすぐりっこなど）。	1
5	ほかの子どもとおもちゃの交換をする。	1
6	おもちゃや遊具などの順番を待つ。	2
7	あそびの中で役割分担をする（オニ役・お母さん役など）。	1
8	「○○してから△△しようね」の指示に、かんしゃくを起こさずに応じる。	2
9	予定が変わっても、説明すればかんしゃくを起こさずに応じる。	2
10	「おしまい」「あとで」など、あそびを区切る言葉の指示に応じる。	2
	やり取りの力 計	14

Part.3

Eちゃんへの支援を考えてみよう

 で示した考え方（仮説）に基づいて、Eちゃんへの支援を考えてみました。

聞く力 の視点から

●言葉だけでは、何をすべきか わからないのかもしれない。

⬇

絵や写真を用いながら話しかける

絵や写真で「次の行動」を明確にします。持ち物の置き場所に個人のマークを付けておいても。

かばんを かけてね

片付けた状態の絵や写真を見せながら、「靴をしまおうね」「かばんをかけてね」と指示をする。

Eちゃん

いすを あそこに 置いてきてね

●みんなに向けた指示では、自分に話されているとわからないのかもしれない。

⬇

個別に指示をする

集団で指示した後、「Eちゃん」と声をかけて注意を引いたうえで、やるべきことを個別に説明します。

まねする力 の視点から

●周りの行動を見て、自然にまねすることができないのかもしれない。

⬇

できるところは自分でやるように促す

「お外に行くよ」だけでなく、「帽子をかぶって、靴を履いて、お外に行くよ」など具体的に説明します。準備は手伝いながらも最後は子ども自身がするようにし、できたら褒めて達成感を。やってあげすぎると、子どもの学習機会を奪うことにもなりかねません。

伝える力
の
視点から

● 「自由に」「好きなように」
「自分で考えてね」と言われても、
どうしていいのかわからない
のかもしれない。

↓

選択肢を出す

「AとBどっちやる？」「CとDだったら
どっちが好き？」など、具体的な選択肢
を出して選べるようにします。これを繰
り返すうちにEちゃんの行動のレパート
リーが広がり、自分から行動できるよう
になってくるでしょう。

●人とどうかかわったらよいのか
わからないのかもしれない。

↓

保育者とあそぶ体験を増やす

「入れて」「貸して」「あそぼう」など、友達とあそぶときに
必要な言葉を、まずは保育者とのあそびの中で練習しま
しょう。最初はセリフ口調でもよいので、適切な文章を言
う練習をします。
例…「それとってもかわいいね」「イチゴくださいな」など。
その後、子ども同士のあそび場面に保育者と一緒に入り、
「練習」した言葉を使えるように支援します。徐々にその
フォローを少なくしていきます。

Part.3

81

気になる CASE 2

Gちゃんは、ほとんど友達とかかわらず、あそび方も独特です。

Gちゃん（3歳児）

ひもを持って揺らしたり、物を床に落としたり。外では、砂をすくってはザーッとこぼすあそびをずっと続けています。友達とのかかわりもほとんどなく、一緒にあそぼうと近づく子がいると、さりげなく場所を移動してしまいます。

行動発達心理学の視点から

年齢からすると、見る力以外は極端に低くはないのですが、細かく見ると、人とのかかわりに関するチェックが軒並み低くなっています。コミュニケーションの基本から経験することが大事です。

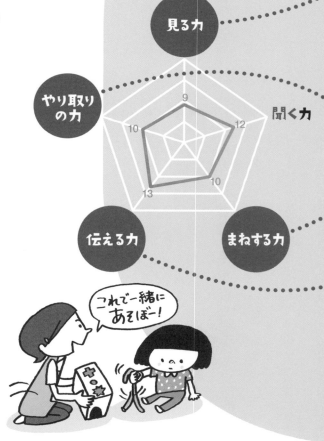

見る力

やり取りの力

聞く力

9

10

12

13

10

伝える力

まねする力

これで一緒にあそぼ！

そこで担任は…

好きなようにさせたいと思いつつ、あそび方が気になります。ひもを揺らしているときに、おもちゃを渡してみたら、ちょっと触っただけですぐその場を離れてしまいました。「一緒にあそぼう」と声をかけても、あまり反応がありません。言葉での指示には従えるし、本人も困っているようには見えないのですが、もう少し人とかかわれるように、園でできる支援をしたいと思っています。

Pick up
1対1なら
相手の顔を見ることが
できるということは…

●アイコンタクトの経験が少な
　いのかもしれない。

●見る力 チェックリスト

1	ボールや人の動きを目で追う。	2
2	1対1のかかわりの場面で相手の顔を見る。	2
3	あそんでいるときやうれしいときに、笑顔で視線を合わせる。	1
4	大人が指さした所に注目する。	1
5	遠くの物（車・飛行機など）を指さした方向に注目する。	1
6	興味をもった物を持ってきて他者に見せようとしたり、その場に連れて行ったりする。	1
7	興味をもった物を指さして、相手に見せようとする。	0
8	あそびに集中していても、周囲の状況に気づく。	1
9	紙芝居や絵本に最後まで注目し続ける。	0
10	集団場面で話し手に注目し続ける。	0
	見る力 計	9

●聞く力 チェックリスト

1	名前を呼ばれると、相手を見たり返事をしたりする。	1
2	身体部位の名称（頭・鼻など）を言うと、そこを見たり指さしたりする。	1
3	身の回りの物の名称（靴・トイレなど）を言うと、そこを見たり指さしたりする（20種類程度）。	1
4	食べ物の名前を言うと、それを手に取ったり指さしたりする（20種類程度）。	1
5	「しないで」「待って」などの指示に応じる。	1
6	身振りを伴う簡単な指示（「ちょうだい」「立って」など）に応じる。	2
7	二語文の指示（「○○先生に渡して」「上に置いて」など）に応じる。	2
8	2つの連続した指示（「いすを片付けてから、ドアの所に並んで」など）に応じる。	1
9	集団場面での指示に応じる。	1
10	あそびに集中しているときでも、話しかけると適切に反応する。	1
	聞く力 計	12

Pick up
言葉のまねより、
動きのまねのほうが
苦手ということは…

●特に動作の模倣は苦手なのか
　もしれない。

●まねする力 チェックリスト

1	グー・チョキ・パーをまねする。	1
2	ジャンプ・足踏み・くるくる回るなど、大きな動作をまねする。	1
3	左右の異なる動き（右手は横、左手は上）をまねする。	0
4	手あそびをまねする。	1
5	保育者や友達のあそび方をまねする。	1
6	笑顔や怒った顔など、表情をまねする。	1
7	単語をまねして言う（10語程度）。	2
8	二語文をまねして言う（「お茶ちょうだい」「電車、走ってる」など）。	1
9	集団場面で前に出ている人（保育者など）のまねをする。	1
10	集団場面で流れ全体をまねする。	1
	まねする力 計	10

Pick up
要求は出せるのに、
声かけに反応が薄い
ということは…

●言葉を発する機会が少ないの
　かもしれない。

●伝える力 チェックリスト

1	名前を呼ばれると「はーい」と返事をする。	2
2	「ママ」「タタ」など繰り返しの言葉を言う。	2
3	「バイバイ」「いただきます」などのあいさつを自分から言う。	1
4	身体部位の名称を言う（5か所程度）。	1
5	身の回りの物の名称を言う（10語程度）。	1
6	欲しい物を言葉で要求する（10語程度）。	1
7	「やって」「開けて」など、手助けを言葉で要求する。	2
8	拒否の言葉（「やらない」「やめて」など）を使う。	2
9	二語文（「ボールちょうだい」など）を話す。	1
10	三語文（「大きい虫、見つけた」など）以上を話す。	0
	伝える力 計	13

Pick up
子ども同士での
やり取りが苦手
ということは…

●ままごとなど抽象的なあそび
　は難しいのかもしれない。

●やり取りの力 チェックリスト

1	保育者から離れてほかの子どもとあそぶ。	2
2	自分から「あそぼう」「入れて」など声をかける。	0
3	1つのおもちゃでほかの子どもと一緒にあそぶ。	0
4	おもちゃがなくても、ほかの子どもと一緒にあそぶ（おいかけっこ・くすぐりっこなど）。	0
5	ほかの子どもとおもちゃの交換をする。	2
6	おもちゃや遊具などの順番を待つ。	1
7	あそびの中での役割分担をする（オニ役・お母さん役など）。	0
8	「○○してから△△しようね」の指示に、かんしゃくを起こさずに応じる。	2
9	予定が変わっても、説明すればかんしゃくを起こさずに応じる。	2
10	「おしまい」「あとで」など、あそびを区切る言葉の指示に応じる。	2
	やり取りの力 計	10

Part.3

Gちゃんへの支援を考えてみよう

 で示した考え方（仮説）に基づいて、Gちゃんへの支援を考えてみました。

見る力の視点から　●アイコンタクトの経験が少ないのかもしれない。

↓

手あそびでアイコンタクトを引き出す

アイコンタクトの練習に最適な「いないいないばあ」を、保育者と1対1でやってみます。

①座って向き合うか、膝の上の抱っこなど近い距離で「いないいないばあ」を行う。
②興味を示さない場合は、Gちゃんの手を保育者の顔に持ってきて、「ばあ」と言いながら手を外す。その後、Gちゃんが声を出したら手を外す、というように進める。
③②が楽しめるようになったら徐々に距離を離し、最終的にはカーテンの陰から「いないいないばあ」のタイミングで出てくるといったあそびに発展させる。

※保育者から視線を外そうとするなど居心地が悪そうなら、鏡の前でGちゃんと保育者が一緒に映るようにしてやるとよい。

まねする力の視点から　●特に動作の模倣は苦手なのかもしれない。

↓

Gちゃんのあそびをまねする

Gちゃんの世界に入ることから始めましょう。最初から保育者のまねをさせるのではなく、まずGちゃんのまねをしてから、徐々に主導権を代えていくのがポイントです。

①Gちゃんと同じ物を持ち、動き、言葉など、できるだけ忠実にまねする（これを「逆模倣」という）。
②Gちゃんが保育者に注目するのを確認したら、「Gちゃんが何かをして保育者がまねる」のやり取りを数回続け、その後、保育者が少しバリエーションをつけて返す。
例）Gちゃんがひもを上下に振っていたら、保育者は横に振る、など。

伝える力
の
視点から

●言葉を発する機会が少ないのかもしれない。

↓

伝言ゲームを楽しむ

単語の模倣ができるという特性を生かして伝言ゲーム。友達とのやり取りの機会を無理なく作ることができます。

①4、5人のグループになり、グループごとに並ぶ。Gちゃんは保育者のすぐ後ろに。
②Gちゃんが言える言葉を耳元ではっきり言って、その言葉を次の人に伝えていく。

Part.3

やり取り
の力
の視点から

●ままごとなど抽象的なあそびは難しいのかもしれない。

↓

お手伝いをしてもらう

保育者と一緒に荷物を運ぶ、物を配るなど、簡単なお手伝いを頼み、上手にできたらみんなの前で褒めます。友達と接するきっかけになり、Gちゃんの自信にもつながります。ポイントは、Gちゃんができることをしてもらうということ。物のやり取りに限定しておくと、負担が少なくGちゃんも安心してお手伝いできます。

気になる CASE 3

Ｉちゃんは、特に問題なく過ごしていますが、言葉のやり取りが難しい子どもです。

Ｉちゃん（3歳児）

いつもクラスのみんなと一緒に行動できているので、あまり気にしていなかったのですが、ほかの子がいないときにＩちゃんと話していると、伝わらないことが多くあります。言葉だけでやり取りをしようとすると、反応しないことが多いです。

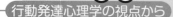
行動発達心理学の視点から

3歳児という年齢から考えても、聞く力の点数が低め。Ｉちゃんの言葉のやり取りの難しさは、聞く力の中でも、指示や文章を理解する力が弱いところから来ているように感じます。

見る力　16
やり取りの力　9
聞く力　11
伝える力　11
まねする力　12
聞く力

そこで担任は…

もしかして、いつもは友達のまねをして動いているだけで、言葉を理解していないのかもしれない……と思い、意識的に言葉を使って働きかけるようにしました。でも、「次は○○するよ」と声をかけてもわかっていないようなので、つい手伝いすぎてしまいます。

●見る力 チェックリスト

1	ボールや人の動きを目で追う。	2
2	1対1のかかわりの場面で相手の顔を見る。	2
3	あそんでいるときやうれしいときに、笑顔で視線を合わせる。	1
4	大人が指した所に注目する。	2
5	遠くの物 (車・飛行機など) を指した方向に注目する。	1
6	興味をもった物を持ってきて他者に見せようとしたり、その場に連れて行ったりする。	2
7	興味をもった物を指して、相手に見せようとする。	2
8	あそびに集中していても、周囲の状況に気づく。	2
9	紙芝居や絵本に最後まで注目し続ける。	1
10	集団場面で話し手に注目し続ける。	1
	見る力 計	16

Pick up

自分の名前や身体の部位はわかるけど…

●理解できる語い数が少ないのかもしれない。

Pick up

言葉の指示に応じられるのが時々、ということは…

●言葉を聞くだけでは理解できないのかもしれない。

●聞く力 チェックリスト

1	名前を呼ばれると、相手を見たり返事をしたりする。	2
2	身体部位の名称 (頭・鼻など) を言うと、そこを見たり指さしたりする。	2
3	身の回りの物の名称 (靴・トイレなど) を言うと、そこを見たり指さしたりする (20種類程度)。	1
4	食べ物の名前を言うと、それを手に取ったり指さしたりする (20種類程度)。	1
5	「しないで」「待って」などの指示に応じる。	1
6	身振りを伴う簡単な指示 (「ちょうだい」「立って」など) に応じる。	1
7	二語文の指示 (「○○先生に渡して」「上に置いて」など) に応じる。	1
8	2つの連続した指示 (いすを片付けてから、ドアの所に並んで」など) に応じる。	1
9	集団場面での指示に応じる。	0
10	あそびに集中しているときでも、話しかけると適切に反応する。	1
	聞く力 計	11

●まねする力 チェックリスト

1	グー・チョキ・パーをまねする。	1
2	ジャンプ・足踏み・くるくる回るなど、大きな動作をまねする。	2
3	左右の異なる動き (右手は横、左手は上) をまねする。	1
4	手あそびをまねする。	1
5	保育者や友達のあそび方をまねする。	1
6	笑顔や怒った顔など、表情をまねする。	1
7	単語をまねて言う (10語程度)。	2
8	二語文をまねて言う (「お茶ちょうだい」「電車、走ってる」など)。	1
9	集団場面で前に出ている人 (保育者など) のまねをする。	1
10	集団場面で流れ全体をまねする。	1
	まねする力 計	12

●伝える力 チェックリスト

1	名前を呼ばれると「はーい」と返事をする。	2
2	「ママ」「タタ」など繰り返しの言葉を言う。	2
3	「バイバイ」「いただきます」などのあいさつを自分から言う。	1
4	身体部位の名称を言う (5か所程度)。	1
5	身の回りの物の名称を言う (10語程度)。	1
6	欲しい物を言葉で要求する (10語程度)。	1
7	「やって」「開けて」など、手助けを言葉で要求する。	1
8	拒否の言葉 (「やらない」「やめて」など) を使う。	2
9	二語文 (「ボールちょうだい」など) を話す。	0
10	三語文 (「大きい虫、見つけた」など) 以上を話す。	0
	伝える力 計	11

●やり取りの力 チェックリスト

1	保育者から離れてほかの子どもとあそぶ。	2
2	自分から「あそぼう」「入れて」など声をかける。	0
3	1つのおもちゃでほかの子どもと一緒にあそぶ。	0
4	おもちゃがなくても、ほかの子どもと一緒にあそぶ (おいかけっこ・くすぐりっこなど)。	0
5	ほかの子どもとおもちゃの交換をする。	1
6	おもちゃや遊具などの順番を待つ。	1
7	あそびの中での役割分担をする (オニ役・お母さん役など)。	0
8	「○○してから△△しようね」の指示に、かんしゃくを起こさずに応じる。	2
9	予定が変わっても、説明すればかんしゃくを起こさずに応じる。	2
10	「おしまい」「あとで」など、あそびを区切る言葉の指示に応じる。	1
	やり取りの力 計	9

Part.3

Iちゃんへの支援を考えてみよう

Pick up で示した考え方（仮説）に基づいて、Iちゃんへの支援を考えてみました。

聞く力 の視点から

●理解できる語い数が少ないのかもしれない。

⬇

興味のある物から語いを広げる

「○○にイチゴをあげよう」「○○の絵のシャツを着ようね」など、子どもの好きな物を介して新しい言葉を伝えていきます。子どもにとって身近な物の名前や、毎日繰り返す行動を活用することで、学習機会を多く作ることができます。一度に多くの言葉を教えるのではなく、1つずつ、確実に積み上げることを意識しましょう。

⬇

子どもの行動に言葉を付ける

生活やあそびの中で、子どもの行動に言葉を付けていきます。そのとき、保育者の口元を見せながら、なるべく短い言葉で、何度も繰り返しましょう。もし子どもが自発的にまねしたら、「そう、○○だね、上手」と少しおおげさに褒めることが大切です。

短く、わかりやすく、具体的に褒める

子どもの行動を褒めるときも、「お片付け、ありがとう」「スキップ、上手」など、短い文章で、わかりやすく、具体的に。こうしたやり取りの積み重ねが語いを増やします。

● 言葉を聞くだけでは理解できないのかもしれない。

絵や写真のカードを使いながら話す

言葉での指示が伝わりづらい子どもには、絵カードや写真を見せながら説明するといいでしょう。語いが少ない子どもも活動に参加しやすくなります。その際、保育者がポケットなどに入れて持ち歩ける大きさにし、「次は〇〇するよ」と、そのつど1枚ずつカードを見せながら説明するとよいでしょう。

使うカードをひとまとめにして、リングなどで留めておくとよい。

チェック項目別 **聞く力** をはぐくむ対応

「聞く力」にもいろいろあり、どこが苦手かによって対応も異なります。
そこでIちゃんのケースで焦点を当てた以外の項目に関連する支援を紹介します。

Pick up 聞く力-5 「だめ」「待って」などの指示に応じる。… が0～1点の場合

↓

●具体的な見通しがないと、指示に応じられないのかもしれない。

↓

事前に行動の見通しをもたせる

「先生がお話ししている間は座って聞いてね」「"どうぞ"と言ったら始めてください」など、「いつまで待てばよいのか」「どうなったら動いてよいのか」をあらかじめ伝えておきます。子どもの体が動き出してから対応すると後追いになってしまうので、事前に子どもが見通しを立てられるように説明するのです。

Pick up 聞く力-8 ２つの連続した指示に応じる。… が0～1点の場合

↓

●長い文章を聞き取るのが難しいのかもしれない。

↓

文章は短く番号を付けて

「今から２つのことをしてもらいます。１番、いすを片付けます。２番、ドアの所に並びます」というように、文章を２つに分け、番号を付けて説明します。子どもは「２つのことを聞かなければいけないんだな」と見通しをもって聞く準備をすることができます。順番や数字の理解が難しい場合は、１つずつ指示をして、できたことを確認してから次の指示をするようにします。

聞く力-9　集団場面での指示に応じる。… が0～1点の場合

聞く力-10　あそびに集中しているときでも、話しかけると適切に
　　　　　　反応する。… が0～1点の場合

●話している人に注意を向けることが難しいのかもしれない。

聞く準備を作ってから話す

子どもの視界に入ったり、手を握ったりして、
子どもの「聞く準備」を作ってから話を始め
ます。

注意を向ける対象をあらかじめ明確にする

単に「よく聞いてね」と言うより、「○○先生のお話を聞く準備ができた人は手を
挙げてください」と言って、子ども自身が何かアクションを起こすようにします。
自分は誰に注意を向ければよいか……、"話す人"と"聞く人"の役割をわかりや
すくするのです。

part.3

気になる CASE 4

Cちゃんはとっても元気な男の子。いつも走り回っています。

Cちゃん（4歳児）

ただ、かんしゃくもちで、気に入らないことがあると、大声を出したり、保育者をかんだり、物を投げて怒ったりします。いったんそうなるとなかなか興奮が収まりません。

行動発達心理学の視点から

興奮状態では話を聞けなくなり、伝えたり、やり取りをしたりする余裕もなくなってしまいます。その辺りがCちゃんの点数の低い部分に関係していそうです。

そこで担任は…

かんしゃくもちなのは、甘やかされて育ってきたからだ。ダメなものはダメとその場で教えてあげなくては！と思って、Cちゃんが泣いても興奮して怒っても、時間をかけて言い聞かせるようにしてきました。子どもの声に負けないよう、はっきりとした大きな声で話すように心がけましたが、状況は変わりません。

物を投げるのはいけないことだよ

うるさーい！！！

●見る力 チェックリスト

1	ボールや人の動きを目で追う。	2
2	1対1のかかわりの場面で相手の顔を見る。	2
3	あそんでいるときやうれしいときに、笑顔で視線を合わせる。	2
4	大人が指さした所に注目する。	2
5	遠くの物（車・飛行機など）を指さした方向に注目する。	2
6	興味をもった物を持ってきて他者に見せようとしたり、その場に連れて行ったりする。	2
7	興味をもった物を指さして、相手に見せようとする。	2
8	あそびに集中していても、周囲の状況に気づく。	1
9	紙芝居や絵本に最後まで注目し続ける。	2
10	集団場面で話し手に注目し続ける。	1
	見る力 計	18

●聞く力 チェックリスト

1	名前を呼ばれると、相手を見たり返事をしたりする。	1
2	身体部位の名称（頭・鼻など）を言うと、そこを見たり指さしたりする。	1
3	身の回りの物の名称（靴・トイレなど）を言うと、そこを見たり指さしたりする（20種類程度）。	1
4	食べ物の名前を言うと、それを手に取ったり指さしたりする（20種類程度）。	1
5	「しないで」「待って」などの指示に応じる。	1
6	身振りを伴う簡単な指示（「ちょうだい」「立って」など）に応じる。	1
7	二語文の指示（「○○先生に渡して」「上に置いて」など）に応じる。	1
8	2つの連続した指示（いすを片付けてから、ドアの所に並んで）に応じる。	1
9	集団場面での指示に応じる。	1
10	あそびに集中しているときでも、話しかけると適切に反応する。	1
	聞く力 計	10

●まねする力 チェックリスト

1	グー・チョキ・パーをまねする。	2
2	ジャンプ・足踏み・くるくる回るなど、大きな動作をまねする。	2
3	左右の異なる動き（右手は横、左手は上）をまねする。	2
4	手あそびをまねする。	1
5	保育者や友達のあそび方をまねする。	1
6	笑顔や怒った顔など、表情をまねする。	2
7	単語をまねて言う（10語程度）。	2
8	二語文をまねて言う（「お茶ちょうだい」「電車、走ってる」など）。	1
9	集団場面で前に出ている人（保育者など）のまねをする。	1
10	集団場面で流れ全体をまねする。	1
	まねする力 計	15

●伝える力 チェックリスト

1	名前を呼ばれると「はーい」と返事をする。	2
2	「ママ」「タタ」など繰り返しの言葉を言う。	2
3	「バイバイ」「いただきます」などのあいさつを自分から言う。	1
4	身体部位の名称を言う（5か所程度）。	2
5	身の回りの物の名称を言う（10語程度）。	1
6	欲しい物を言葉で要求する（10語程度）。	1
7	「やって」「開けて」など、手助けを言葉で要求する。	1
8	拒否の言葉（「やらない」「やめて」など）を使う。	1
9	二語文（「ボールちょうだい」など）を話す。	1
10	三語文（「大きい虫、見つけた」など）以上を話す。	0
	伝える力 計	12

●やり取りの力 チェックリスト

1	保育者から離れてほかの子どもとあそぶ。	2
2	自分から「あそぼう」「入れて」など声をかける。	1
3	1つのおもちゃでほかの子どもと一緒にあそぶ。	2
4	おもちゃがなくても、ほかの子どもと一緒にあそぶ（おいかけっこ・くすぐりっこなど）。	2
5	ほかの子どもとおもちゃの交換をする。	1
6	おもちゃや遊具などの順番を待つ。	1
7	あそびの中での役割分担をする（オニ役・お母さん役など）。	1
8	「○○してから△△しようね」の指示に、かんしゃくを起こさずに応じる。	1
9	予定が変わっても、説明すればかんしゃくを起こさずに応じる。	1
10	「おしまい」「あとで」など、あそびを区切る言葉の指示に応じる。	1
	やり取りの力 計	13

Part.3

Cちゃんへの支援を考えてみよう

 で示した考え方（仮説）に基づいて、Cちゃんへの支援を考えてみました。

聞く力 の視点から

●興奮しているときは、保育者の声が聞こえないのかもしれない。

⬇

落ち着けるように

落ち着くまで待ち、必要なら一人になれる空間に移動します。言葉をかけるとしても、静かな声で。

⬇

見通しをもたせる

「何をする時間なのか」を事前に伝えて、活動の見通しをもてるようにすると、気持ちも落ち着きます。
その際、見る力を活用し、写真や絵カードで説明するとよいでしょう。

⬇

正解・不正解を伝える

「何をしてはいけないのか」も同時に伝えます。よい例、悪い例を実演するとよりわかりやすくなります。

座って聞くのは ◯

立ち歩くのは ✕

ウロ ウロ

伝える力
の
視点から

●自分の気持ちを表現できず、トラブルになるのかもしれない。

↓

伝え方を提案する

やりたくないときには「やらない」と言ったり、おしまいのサインをすればいいんだよと伝えます。首を振るだけでもOK。気持ちを適切に表現できたら十分に褒めます。

おしまい

※両手をすぼめながら下ろすサイン。よく使うバッテンのポーズは子どもを感情的にしやすく、大人に示されると興奮を高める可能性もある。

Part.3

やり取りの力
の視点から

●よい行動のレパートリーが少ないのかもしれない。

↓

適切な行動の練習をくり返す

落ち着いてから、トラブルになった状況を振り返り、どうすればよかったのかを一緒に考えます（物を投げるのではなく、「貸して」「今、あそんでるの」と言う、保育者に助けを求めるなど）。その後、子どもと保育者とで練習（ロールプレイ）します。

貸して

いいよ

気になる CASE 5

Dちゃんは、好奇心おう盛で、どんな活動にも積極的に参加します。

Dちゃん（4歳児）

でも、気が散りやすく、活動を最後までやりきることができません。途中でどこかに行ってしまったり、ほかの子の邪魔をして、「もう、やめてよ！」と嫌がられたりすることもあります。

行動発達心理学の視点から

まねする力、やり取りの力は高いDちゃん。環境やかかわり方によって、集中度合いも変わってきそうです。見る、聞く、伝える力を高める支援を考えましょう。

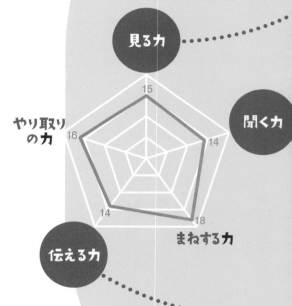

見る力　15
聞く力　14
まねする力　18
伝える力　14
やり取りの力　16

そこで担任は…

最後までやらないのは、集中力がないから。やり通せるようにしなくては！と思い、「ちゃんと最後までやろうね」と何度も言って聞かせます。でも、ちょっと目を離すとその場を離れ、部屋から出ていくことも。走って逃げては追いかけて……を繰り返すうちに、クラスは混乱してしまいます。

Pick up 集団場面になると注目
できないということは…

●周囲の刺激が多すぎて、何に
注目すればよいかわからない
のかもしれない。

●見る力 チェックリスト

1	ボールや人の動きを目で追う。	2
2	1対1のかかわりの場面で相手の顔を見る。	2
3	あそんでいるときやうれしいときに、笑顔で視線を合わせる。	2
4	大人が指した所に注目する。	2
5	遠くの物（車・飛行機など）を指した方向に注目する。	2
6	興味をもった物を持ってきて他者に見せようとしたり、その場に連れて行ったりする。	2
7	興味をもった物を指さして、相手に見せようとする。	2
8	あそびに集中していても、周囲の状況に気づく。	1
9	紙芝居や絵本に最後まで注目し続ける。	0
10	集団場面で話し手に注目し続ける。	0
	見る力 計	15

Pick up 短い指示ならわかるけれど、
長い指示に応じない
ということは…

●長い話や、あいまいな指示だと
理解できず、何をすればいいの
かわからないのかもしれない。

●聞く力 チェックリスト

1	名前を呼ばれると、相手を見たり返事をしたりする。	2
2	身体部位の名称（頭・鼻など）を言うと、そこを見たり指さしたりする。	2
3	身の回りの物の名称（靴・トイレなど）を言うと、そこを見たり指さしたりする（20種類程度）。	2
4	食べ物の名前を言うと、それを手に取ったり指さしたりする（20種類程度）。	2
5	「しないで」「待って」などの指示に応じる。	2
6	身振りを伴う簡単な指示（「ちょうだい」「立って」など）に応じる。	1
7	二語文の指示（「○○先生に渡して」「上に置いて」など）に応じる。	1
8	2つの連続した指示（「いすを片付けてから、ドアの所に並んで」など）に応じる。	0
9	集団場面での指示に応じる。	1
10	あそびに集中しているときでも、話しかけると適切に反応する。	1
	聞く力 計	14

●まねする力 チェックリスト

1	グー・チョキ・パーをまねする。	2
2	ジャンプ・足踏み・くるくる回るなど、大きな動作をまねする。	2
3	左右の異なる動き（右手は横、左手は上）をまねする。	2
4	手あそびをまねする。	2
5	保育者や友達のあそび方をまねする。	2
6	笑顔や怒った顔など、表情をまねする。	2
7	単語をまねて言う（10語程度）。	2
8	二語文をまねて言う（「お茶ちょうだい」「電車、走ってる」など）。	2
9	集団場面で前に出ている人（保育者など）のまねをする。	1
10	集団場面で流れ全体をまねする。	1
	まねする力 計	18

Pick up 助けを求める言葉が出ない
ということは…

●助けを求められないから、うま
くいかず、途中で嫌になってし
まうのかもしれない。

●伝える力 チェックリスト

1	名前を呼ばれると「はーい」と返事をする。	2
2	「ママ」「タタ」など繰り返しの言葉を言う。	2
3	「バイバイ」「いただきます」などのあいさつを自分から言う。	2
4	身体部位の名称を言う（5か所程度）。	2
5	身の回りの物の名称を言う（10語程度）。	2
6	欲しい物を言葉で要求する（10語程度）。	1
7	「やって」「開けて」など、手助けを言葉で要求する。	0
8	拒否の言葉（「やらない」「やめて」など）を使う。	1
9	二語文（「ボールちょうだい」など）を話す。	1
10	三語文（「大きい虫、見つけた」など）以上を話す。	1
	伝える力 計	14

●やり取りの力 チェックリスト

1	保育者から離れてほかの子どもとあそぶ。	2
2	自分から「あそぼう」「入れて」など声をかける。	2
3	1つのおもちゃでほかの子どもと一緒にあそぶ。	2
4	おもちゃがなくても、ほかの子どもと一緒にあそぶ（おいかけっこ・くすぐりっこなど）。	2
5	ほかの子どもとおもちゃの交換をする。	1
6	おもちゃや遊具などの順番を待つ。	1
7	あそびの中での役割分担をする（オニ役・お母さん役など）。	2
8	「○○してから△△しようね」の指示に、かんしゃくを起こさずに応じる。	1
9	予定が変わっても、説明すればかんしゃくを起こさずに応じる。	2
10	「おしまい」「あとで」など、あそびを区切る言葉の指示に応じる。	1
	やり取りの力 計	16

part.3

Dちゃんへの支援を考えてみよう

 で示した考え方（仮説）に基づいて、Dちゃんへの支援を考えてみました。

見る力 の 視点から

●周囲の刺激が多すぎて、何に注目すればよいか
わからないのかもしれない。

背景に目を引く物がな
いように。

少し離す

集中しやすい環境を作る

余計な刺激を減らします。そのつど室内装飾をなくすのは大変なので、装飾のない壁がバックになるよう、話をする保育者が移動するのも1つの方法です。また、席を保育者のそば（集団場面ではいちばん前の正面など）にしたり、ほかの子と少し席を離したりするのもよいでしょう。

伝える力 の 視点から

●助けを求められないから、うまくいかず、途中で嫌になって
しまうのかもしれない。

すごいねー

最後まで
座っていられて
えらいねー

こまめに声をかけ、褒める

「できないときは先生に教えてね」と事前に伝えておき、こまめに声をかけ、確認します。短時間でも集中しているときは「頑張っているね」と励まし、最後までやりきったら「最後まで頑張って偉かったね」と褒めましょう。必要に応じて手伝い、最後までやり遂げる達成感を味わうことも大事。「みんなもDちゃんみたいにできるかな？」と、ほかの子の前で褒めることも自信ややる気につながります。

聞く力
の
視点から

●長い話や、あいまいな指示だと理解できず、
何をすればいいのかわからないのかもしれない。

↓

1回の指示は1つにする

「色を塗って、点線をはさみで切って、
のりを付けて、紙に貼ります」という
いくつもの指示を一度に伝える言葉か
けは、わかりにくいことも。「色を塗る」
だけ、「紙に貼る」だけなど、部分的
にしか覚えていられないため、何をす
ればよいのかわからなくなるのです。
聞く力が弱い子どもには、「色を塗り
ます」「次は点線をはさみで切って」
……など、1つ1つ指示をしていきま
しょう。

色塗れたねー

次は点線も
切ってね

矢印で「終わり」を示す
（ブックカバー〈透明粘着
シート〉を貼るなどして付
け外し自在に）。

3にくる
までねー

はーい…

↓

視覚的な手がかりを使う

「時計の長い針が3にくるまで」など、
あらかじめ「終わり」を明確にして伝
えましょう。

Part.3

気になる CASE 6

Hちゃん (4歳児)

Hちゃんは好きなおもちゃはよく見て、追視*もできるけれど、人と視線が合いません。

*追視＝動く物を目で追うこと

特に正面で視線を合わせようとすると、さっと顔を横に向けます。
製作や着替えでも、自分の手元を見ないので、雑になったり失敗したりします。でも、本人はあまり気にしていないようです。

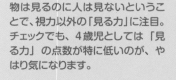

行動発達心理学の視点から

物は見るのに人は見ないということで、視力以外の「見る力」に注目。チェックでも、4歳児としては「見る力」の点数が特に低いのが、やはり気になります。

用意できた？

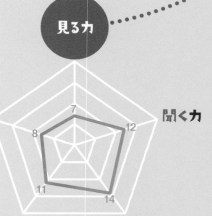

見る力

やり取りの力	聞く力
7	12
8	14
11	

伝える力　まねする力

そこで担任は…

Hちゃんは、発達障がいがあると言われているので、目が合わないのはそのせいかとも思うのですが、このままでいいのか気になって……。Hちゃんの目の高さにしゃがんで話しかけても視線は合わず。手元については、手を握ってから、「ちゃんと見てね」と言うと見てくれるので、大きな声で言い続けています。

ほら、ちゃんと見て！
それは、こっちの足だよ

Pick up
1対1で相手の顔を見ることができないということは…

●距離が近すぎると、視線を合わせづらいのかもしれない。

Pick up
人や物の動きは追えるのに、指さしたほうを見ないということは…

●共同注意が獲得できていないのかもしれない。

Pick up
紙芝居や絵本への注目が続かないということは…

●じっと見続けることが苦手なのかもしれない。

●見る力 チェックリスト

1	ボールや人の動きを目で追う。	2
2	1対1のかかわりの場面で相手の顔を見る。	1
3	あそんでいるときやうれしいときに、笑顔で視線を合わせる。	1
4	大人が指さした所に注目する。	1
5	遠くの物 (車・飛行機など) を指さした方向に注目する。	0
6	興味をもった物を持ってきて他者に見せようとしたり、その場に連れて行ったりする。	1
7	興味をもった物を指さして、相手に見せようとする。	0
8	あそびに集中していても、周囲の状況に気づく。	1
9	紙芝居や絵本に最後まで注目し続ける。	0
10	集団場面で話し手に注目し続ける。	0
	見る力 計	7

●聞く力 チェックリスト

1	名前を呼ばれると、相手を見たり返事をしたりする。	1
2	身体部位の名称 (頭・鼻など) を言うと、そこを見たり指さしたりする。	2
3	身の回りの物の名称 (靴・トイレなど) を言うと、そこを見たり指さしたりする (20種類程度)。	2
4	食べ物の名前を言うと、それを手に取ったり指さしたりする (20種類程度)。	2
5	「しないで」「待って」などの指示に応じる。	1
6	身振りを伴う簡単な指示 (「ちょうだい」「立って」など) に応じる。	2
7	二語文の指示 (「○○先生に渡して」「上に置いて」など) に応じる。	1
8	2つの連続した指示 (いすを片付けてから、ドアの所に並んで」など) に応じる。	0
9	集団場面での指示に応じる。	0
10	あそびに集中しているときでも、話しかけると適切に反応する。	1
	聞く力 計	12

●まねする力 チェックリスト

1	グー・チョキ・パーをまねする。	2
2	ジャンプ・足踏み・くるくる回るなど、大きな動作をまねする。	2
3	左右の異なる動き (右手は横、左手は上) をまねする。	0
4	手あそびをまねする。	1
5	保育者や友達のあそび方をまねする。	2
6	笑顔や怒った顔など、表情をまねする。	1
7	単語をまねて言う (10語程度)。	2
8	二語文をまねて言う (「お茶ちょうだい」「電車、走ってる」など)。	2
9	集団場面で前に出ている人 (保育者など) のまねをする。	1
10	集団場面で流れ全体をまねする。	1
	まねする力 計	14

●伝える力 チェックリスト

1	名前を呼ばれると「はーい」と返事をする。	2
2	「ママ」「タタ」など繰り返しの言葉を言う。	2
3	「バイバイ」「いただきます」などのあいさつを自分から言う。	1
4	身体部位の名称を言う (5か所程度)。	1
5	身の回りの物の名称を言う (10語程度)。	1
6	欲しい物を言葉で要求する (10語程度)。	1
7	「やって」「開けて」など、手助けを言葉で要求する。	1
8	拒否の言葉 (「やらない」「やめて」など) を使う。	1
9	二語文 (「ボールちょうだい」など) を話す。	1
10	三語文 (「大きい虫、見つけた」など) 以上を話す。	0
	伝える力 計	11

●やり取りの力 チェックリスト

1	保育者から離れてほかの子どもとあそぶ。	2
2	自分から「あそぼう」「入れて」など声をかける。	0
3	1つのおもちゃでほかの子どもと一緒にあそぶ。	1
4	おもちゃがなくても、ほかの子どもと一緒にあそぶ (おいかけっこ・くすぐりっこなど)。	0
5	ほかの子どもとおもちゃの交換をする。	1
6	おもちゃや遊具などの順番を待つ。	1
7	あそびの中での役割分担をする (オニ役・お母さん役など)。	0
8	「○○してから△△しようね」の指示に、かんしゃくを起こさずに応じる。	1
9	予定が変わっても、説明すればかんしゃくを起こさずに応じる。	1
10	「おしまい」「あとで」など、あそびを区切る言葉の指示に応じる。	1
	やり取りの力 計	8

Part.3

Part.3

Hちゃんへの支援を考えてみよう

 で示した考え方（仮説）に基づいて、Hちゃんへの支援を考えてみました。

見る力
の
視点から

●距離が近すぎると、視線を合わせづらいのかもしれない。

⬇

子どもとの距離を調整する

視線を合わせるときは、目の高さを同じにすることに加えて、距離の調整が大切です。発達障がいのある子どもは、人との距離が近すぎると顔を横に向けて視線をそらすことがあります。その場合、保育者が少しずつ離れて視線が合う所まで下がってください。距離を調整するだけで随分と視線が合いやすくなるでしょう。

視線が合う所まで下がる。

Hちゃんの視線の先に入れてから、

保育者の目の横に持ってくる。

相手の目を見て楽しむ

子どもの好きなおもちゃを保育者の目の横で持ち、子どもがそのおもちゃを見たら、「おめめ見たね」と言いながらおもちゃを渡します。そのとき、視線が合っていなくても目の辺りを見ていればよしとします。それでも見ない場合は、子どもの視線の先に1回おもちゃを入れてから、保育者の目の横に持ってくるようにしましょう。確実に保育者の顔を見るでしょう。

●共同注意が獲得できていないのかもしれない。

共同注意の獲得を促すあそびをくり返す

①まず近距離から。図鑑などいろいろな種類の絵や写真が載っている絵本を用意。子どもが見ている所を指さして、「あ、○○だ」「△△見つけた」などと声をかける。保育者の指先に視線を向けさせようとするのではなく、子どもの視線の先を指さして、そのつど「車、かっこいいね」「小さいアリさんいたね」など絵にまつわる言葉かけをする。

あ、車だ！

Point
子どもの視線の先を指さすこと。

②子どもが保育者の指先を見出したら、そこから少し指先を移動して、「あ、○○だ！」と言う。ポイントは、（絵本の端から端など）あまり大きく動かさないこと。子どもは自分の好きな物の名前を言ってもらうのがうれしくなり、自分から指さしをして名前を言ってもらおうとする。

あ、飛行機！

Point
指先を大きく動かさないこと。

③指さしに応じたり、自分から指さしたりするようになったら、徐々に指先と対象物との距離を離していく。その際も、まずは子どもがすでに見ている視線の先を指さすことから始める。

Hちゃんの作った車はあそこにあるねー

Point
まずは、子どもの視線の先を指さすこと。

Hちゃんへの支援を考えてみよう

見る力
の
視点から

●じっと見続けることが苦手なのかもしれない。

見比べることで長い時間見る経験を積み重ねる

目の前に２つの物を出して「どっちが
いい？」と聞き、選んでもらいます。
子どもは出された２つを見比べる必要
があるので、１つを出されたときより
も長い時間見ることになります。１つ
を選べない（例えば両手で２つとも取
ろうとする）場合は、１つはHちゃん
の好きな物、１つは選ばないであろう
物（例えばおやつと包み紙）にします。
このとき、「よく見たね」などの声か
けをすることを忘れずに。

鏡を使ってまねっこあそびをする

姿見など大きな鏡を使ってあそびましょう。保育者と子
どもが隣同士で鏡に映るようにすると、直視することに
抵抗がなくなるかもしれません。「見る力」が弱いため
に「まねする力」を発揮できないことがよくあります。
鏡に映した手あそびは、「見る力」「まねする力」両方の
力につながります。

注意する時間を長くする楽しいあそびを工夫する

物を手渡すとき、手を上にあげて渡したり下のほうで渡したり、毎回位置を変えます。
きちんと見なければ受け取れないので「見る」練習になります。手渡す回数を多くし、
見る時間を長くするため、下記のようなあそびを通して行うといいでしょう。

ペグさしやパズルなどであそぶ際、
1つずつ「はい」「はい」と手渡す。
結果的に見続けることになる。

保育者がタンバリンやカスタネットなど
打楽器を持って歌をうたいながら、子
どもと交互にたたく(上、下、横など1回
ごとに楽器を差し出す位置を変える)。
「一定時間見る」練習になる。

見る力を**はぐくむおもちゃ**

近くの物を指さして、
共同注意の練習にも
なるおもちゃです。

(玉転がし)
玉の動きを目で追える(追視)
ようになったら、共同注意の練
習ができるかも。保育者が玉の
動きを指先で追うようにすると、
子どもは玉と指先の関係を理解
して、徐々に指さしに注意を向
けるようになります。

(型はめ)
さりげなく指先でヒントを出すようにす
ると、徐々に指先を手がかりにするよう
になります。「指先を見ればいいんだ」
ということを理解していくのです。

気になる CASE 7
Jちゃんはいつも一人で静かにあそんでいて、友達の輪から外れがちです。

Jちゃん（4歳児）

集団でのお遊戯や音楽あそびのときは、一応その場にはいますが、自発的に参加することはありません。保育者が手を取って促すと、おとなしく、されるがままにしています。
言葉は出ていますが、単語程度で会話になりにくいようです。

行動発達心理学の視点から

「まねする力」の点数が極端に低いので、単純な一つの動作の模倣の力も弱いのではないかと仮説を立て、いろいろな視点からの対応を考える必要があります。

見る力 16
聞く力 16
やり取りの力 10
4
伝える力 11
まねする力

そこで担任は…

「こうするんだよ」「Jちゃんもやってみて」と見本を見せながらかかわっていますが、まねをするということ自体がわかっていないようで、保育者をじーっと見るのみ。
Jちゃんの自発性を大切にしたいので、手伝いすぎずじっくり待っているのですが、いっこうにまねしてくれません。

Jちゃんもやってみて！

●見る力 チェックリスト

1	ボールや人の動きを目で追う。	2
2	1対1のかかわりの場面で相手の顔を見る。	2
3	あそんでいるときやうれしいときに、笑顔で視線を合わせる。	1
4	大人が指した所に注目する。	2
5	遠くの物（車・飛行機など）を指した方向に注目する。	1
6	興味をもった物を持ってきて他者に見せようとしたり、その場に連れて行ったりする。	2
7	興味をもった物を指さして、相手に見せようとする。	2
8	あそびに集中していても、周囲の状況に気づく。	2
9	紙芝居や絵本に最後まで注目し続ける。	1
10	集団場面で話し手に注目し続ける。	1
	見る力 計	16

●聞く力 チェックリスト

1	名前を呼ばれると、相手を見たり返事をしたりする。	2
2	身体部位の名称（頭・鼻など）を言うと、そこを見たり指さしたりする。	2
3	身の回りの物の名称（靴・トイレなど）を言うと、そこを見たり指さしたりする（20種類程度）。	2
4	食べ物の名前を言うと、それを手に取ったり指さしたりする（20種類程度）。	2
5	「しないで」「待って」などの指示に応じる。	2
6	身振りを伴う簡単な指示（「ちょうだい」「立って」など）に応じる。	2
7	二語文の指示（「○○先生に渡して」「上に置いて」など）。	1
8	2つの連続した指示（いすを片付けてから、ドアの所に並んで」など）に応じる。	1
9	集団場面での指示に応じる。	1
10	あそびに集中しているときでも、話しかけると適切に反応する。	1
	聞く力 計	16

●まねする力 チェックリスト

1	グー・チョキ・パーをまねする。	1
2	ジャンプ・足踏み・くるくる回るなど、大きな動作をまねする。	1
3	左右の異なる動き（右手は横、左手は上）をまねする。	0
4	手あそびをまねする。	0
5	保育者や友達のあそび方をまねする。	1
6	笑顔や怒った顔など、表情をまねする。	0
7	単語をまねて言う（10語程度）。	0
8	二語文をまねて言う（「お茶ちょうだい」「電車、走ってる」など）。	0
9	集団場面で前に出ている人（保育者など）のまねをする。	0
10	集団場面で流れ全体をまねする。	1
	まねする力 計	4

●伝える力 チェックリスト

1	名前を呼ばれると「はーい」と返事をする。	1
2	「ママ」「タタ」など繰り返しの言葉を言う。	2
3	「バイバイ」「いただきます」などのあいさつを自分から言う。	1
4	身体部位の名称を言う（5か所程度）。	2
5	身の回りの物の名称を言う（10語程度）。	1
6	欲しい物を言葉で要求する（10語程度）。	1
7	「やって」「開けて」など、手助けを言葉で要求する。	1
8	拒否の言葉（「やらない」「やめて」など）を使う。	1
9	二語文（「ボールちょうだい」など）を話す。	1
10	三語文（「大きい虫、見つけた」など）以上を話す。	0
	伝える力 計	11

●やり取りの力 チェックリスト

1	保育者から離れてほかの子どもとあそぶ。	2
2	自分から「あそぼう」「入れて」など声をかける。	0
3	1つのおもちゃでほかの子どもと一緒にあそぶ。	0
4	おもちゃがなくても、ほかの子どもと一緒にあそぶ（おいかけっこ・くすぐりっこなど）。	0
5	ほかの子どもとおもちゃの交換をする。	1
6	おもちゃや遊具などの順番を待つ。	2
7	あそびの中での役割分担をする（オニ役・お母さん役など）。	0
8	「○○してから△△しようね」の指示に、かんしゃくを起こさずに応じる。	2
9	予定が変わっても、説明すればかんしゃくを起こさずに応じる。	2
10	「おしまい」「あとで」など、あそびを区切る言葉の指示に応じる。	1
	やり取りの力 計	10

Pick up

**単純な動作もあまり
まねしないということは…**

●「まねをする」のがどういうこと
か、わからないのかもしれない。

Pick up

**左右の異なる動きをまね
できないということは…**

●どこに注目すればよいのか、わ
からないのかもしれない。

Pick up

**1つのポーズはできても、
手あそびはできない
ということは…**

●連続した動きのまねは苦手なの
かもしれない。

Jちゃんへの支援を考えてみよう

 で示した考え方（仮説）に基づいて、Jちゃんへの支援を考えてみました。

まねする力 の 視点から

● 「まねをする」のがどういうことか、わからないのかもしれない。

子どもの動きをまねする

Jちゃんが言った言葉や動きを、まったく同じようにまねします（逆模倣）。自分の動きをまねされたJちゃんは、保育者の動きを見るようになるでしょう。

Jちゃんがおもしろがって保育者を見ながら同じ動きをするようなら、徐々に保育者発信の動きを入れていきます（拡張模倣）。その際、Jちゃんの動きをほんの少し変える程度にとどめておくのがポイント。動きを変えるのではなく、動きの幅を少し拡張するのです。

逆模倣
子どもの動きをまったく同じようにまねする。

拡張模倣
子どもの動きに少しアレンジを加えてまねをする。

Point

子どものできる動作を
まねしてもらう動きは、その子がすでにできる得意な動きの中から選びます。ケンケンができない子にケンケンのまねはできません。不器用な子は、指先など細かい動きのまね（微細模倣）は難しいかもしれません。微細・粗大・上肢・下肢などスムースに動く動作をくり返したり、広げることを目標にしましょう。

手足を取って動きの体験を積む

Jちゃんの手足を取って体の動きを教えます。
例えば、「バイバイ」と言いながらJちゃん
の手を取って振ると、「あ、この動きがバイ
バイか」と理解できます。何度か繰り返して
Jちゃんが自分で手を振り始めたら、徐々に
保育者のサポートを少なくしていきます。
逆さバイバイ（手のひらを自分のほうに向け
て手を振る）をする子には、両手のひらを合
わせて手を振る動作をし、徐々に保育者の手
を離してバイバイの動作を教えます。

物を使って練習をわかりやすくする

「まね」の最初の一歩としては、物を使った「操
作模倣」がよいようです。例えば「息をふーっ
と吹く」動きを教えるときに、ただ息を吹く
より、ティッシュを顔の前に広げてそれを吹
くほうが視覚的にわかりやすいでしょう。頭
にタッチする動作も、直接手で触るよりブラ
シを持って頭に当てるほうが、明確です。「正
解」が視覚や触覚でフィードバックされるの
で理解しやすいのです。

Part.3

Jちゃんへの支援を考えてみよう

まねする力 の視点から

●どこに注目すればよいのか、わからないのかもしれない。

⬇

見る所を言葉で明確に示す

「先生の手を見てね」「お顔を見てね」など、どこに注目すればよいのかを言葉で説明します。「まねする力」が弱い場合、「見る力」の1つである「注目し続ける力」が弱いことが多いので、その分「聞く力」を利用するのです。

⬇

簡単な動きから難しい動きへステップを上げる

手でおなかや膝を触る動作は自分の動きが見えますが、頭や背中を触る動作は自分で見ることができないため、まねが難しくなります。まずは、自分の動きを見て確認できる動きをマスターしてから、徐々に難しい動きに挑戦しましょう。
子どもと保育者が鏡の前に並んで確認しても。アイコンタクトが苦手な子との練習や表情模倣の練習をするときにも鏡は効果的です。

自分の体を見て行う動作から、
自分では見えない動きの動作へ。

まねする力を**はぐくむあそび**

普段のあそびの中でも、まねする力をはぐくむ要素はたくさんあります。

（粘土あそび）

たたいたり、転がしたり、伸ばしたりと、微細模倣の練習にはもってこい。子どもの動きをまねすることから始め、少しずつ新しい動きへ広げていきましょう。

（ままごとあそび）

人形あそびは操作模倣の要素がいっぱい。歯磨きをする、帽子をかぶせる、布団に寝かせるなど、普段の生活でまねしてほしいことを人形で再現してみましょう。

●連続した動きのまねは苦手なのかもしれない。

1つずつの動きに分解する

手あそびなど、いくつもの動きが連続しているものは、細かく分解して、やってみましょう。

例えば
「こぶしをとんとん」「バンザイ」「手を鼻に」など動きを分けて、できそうな部分から1つずつ行う。いくつかできるようになったら、つなげて行う。

キラキラポーズや、しゃがんで待つポーズなど。

決めポーズから練習する

ダンスや体操は、最初から順番に教えるのではなく、決めポーズや動きの止まる部分から行います。最初は大まかにまねして、その後、Jちゃんの様子に応じて細かい動きの練習をします。「ここはできた」という達成感をもてると、その後のやる気が格段にアップします。

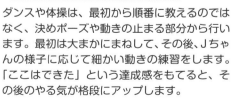

気になる CASE 8

Fちゃんはとても活動的。いつも外で元気に走り回っています。

Fちゃん（5歳児）

でも、雨天が続くと室内あそびが多くなり、イライラしがち。高い所から飛び降りたり、走り回ったり……。友達にぶつかったりもするので、「Fちゃん怖い」と言う子も。

行動発達心理学の視点から

全般的に5つの力が高いFちゃん。ただ、気持ちが高揚すると、できるはずのことができなくなるようです。落ち着ける環境やかかわりが必要です。

見る力　18
聞く力　15
まねする力　19
伝える力　20
やり取りの力　16

そこで担任は…

エネルギーがあり余っているのか……。思い切りあそばせてあげたいけど、けがを防ぐためにも止めざるを得ません。大きな声で「走らない！」と注意したり、走っているところをつかまえたり、いつもFちゃんを追いかけ回している状態で、クラス全体が落ち着きません。

Pick up

あそんでいると周囲の状況に
気づかないことがある
ということは…

●何かに熱中すると、周りが見え
なくなってしまうのかもしれな
い。

●見る力 チェックリスト

1	ボールや人の動きを目で追う。	2
2	1対1のかかわりの場面で相手の顔を見る。	2
3	あそんでいるときやうれしいときに、笑顔で視線を合わせる。	2
4	大人が指さした所に注目する。	2
5	遠くの物（車・飛行機など）を指さした方向に注目する。	2
6	興味をもった物を持ってきて他者に見せようとしたり、その場に連れて行ったりする。	2
7	興味をもった物を指さして、相手に見せようとする。	2
8	あそびに集中していても、周囲の状況に気づく。	1
9	紙芝居や絵本に最後まで注目し続ける。	2
10	集団場面で話し手に注目し続ける。	1
	見る力 計	18

Pick up

あそびの最中に話しかけると、
応じないことがある
ということは…

●楽しくなると、保育者の声に注
意を払えないのかもしれない。

●聞く力 チェックリスト

1	名前を呼ばれると、相手を見たり返事をしたりする。	2
2	身体部位の名称（頭・鼻など）を言うと、そこを見たり指さしたりする。	2
3	身の回りの物の名称（靴・トイレなど）を言うと、そこを見たり指さしたりする（20種類程度）。	2
4	食べ物の名前を言うと、それを手に取ったり指さしたりする（20種類程度）。	2
5	「しないで」「待って」などの指示に応じる。	0
6	身振りを伴う簡単な指示（「ちょうだい」「立って」など）に応じる。	2
7	二語文の指示（「○○先生に渡して」「上に置いて」など）に応じる。	2
8	2つの連続した指示（いすを片付けてから、ドアの所に並んで）に応じる。	1
9	集団場面での指示に応じる。	1
10	あそびに集中しているときでも、話しかけると適切に反応する。	1
	聞く力 計	15

Pick up

まねする力は高いのに、
走ってばかりということは…

●「あそび＝走る」というパターン
が決まっていて、ほかにレパー
トリーがないのかもしれない。

●まねする力 チェックリスト

1	グー・チョキ・パーをまねする。	2
2	ジャンプ・足踏み・くるくる回るなど、大きな動作をまねする。	2
3	左右の異なる動き（右手は横、左手は上）をまねする。	2
4	手あそびをまねする。	2
5	保育者や友達のあそび方をまねする。	2
6	笑顔や怒った顔など、表情をまねする。	2
7	単語をまねて言う（10語程度）。	2
8	二語文をまねて言う（「お茶ちょうだい」「電車、走ってる」など）。	2
9	集団場面で前に出ている人（保育者など）のまねをする。	2
10	集団場面で流れ全体をまねする。	1
	まねする力 計	19

●伝える力 チェックリスト

1	名前を呼ばれると「はーい」と返事をする。	2
2	「ママ」「タタ」など繰り返しの言葉を言う。	2
3	「バイバイ」「いただきます」などのあいさつを自分から言う。	2
4	身体部位の名称を言う（5か所程度）。	2
5	身の回りの物の名称を言う（10語程度）。	2
6	欲しい物を言葉で要求する（10語程度）。	2
7	「やって」「開けて」など、手助けを言葉で要求する。	2
8	拒否の言葉（「やらない」「やめて」など）を使う。	2
9	二語文（「ボールちょうだい」など）を話す。	2
10	三語文（「大きい虫、見つけた」など）以上を話す。	2
	伝える力 計	20

Pick up

待てるときと、
待てないときがある
ということは…

●興奮すると、普段できることが
できなくなるのかもしれない。

●やり取りの力 チェックリスト

1	保育者から離れてほかの子どもとあそぶ。	2
2	自分から「あそぼう」「入れて」など声をかける。	2
3	1つのおもちゃでほかの子どもと一緒にあそぶ。	2
4	おもちゃがなくても、ほかの子どもと一緒にあそぶ（おいかけっこ・くすぐりっこなど）。	2
5	ほかの子どもとおもちゃの交換をする。	1
6	おもちゃや遊具などの順番を待つ。	1
7	あそびの中での役割分担をする（オニ役・お母さん役など）。	2
8	「○○してから△△しようね」の指示に、かんしゃくを起こさずに応じる。	1
9	予定が変わっても、説明すればかんしゃくを起こさずに応じる。	2
10	「おしまい」「あとで」など、あそびを区切る言葉の指示に応じる。	1
	やり取りの力 計	16

Part.3

F ちゃんへの支援を考えてみよう

 で示した考え方（仮説）に基づいて、F ちゃんへの支援を考えてみました。

見る力の**視点から**

●何かに熱中すると、周りが見えなくなってしまうのかもしれない。

⬇

環境を整える

熱中していても目に入るよう、その場所のルールを絵や写真でわかりやすく表示しておくといいでしょう。

例えば

●走ると危険な場所に「歩いている子の絵」をはっておく。
●座ってあそぶコーナーに「椅子に座っている子の絵」をはって、動き回る行動を減らすようにする。　　　　　　など

聞く力の**視点から**

●楽しくなると、保育者の声に注意を払えないのかもしれない。

⬇

あそびの前にルールを確認する

いったん夢中になると、行動を抑制することが難しくなるので、あそび始める前に、走ってよい場所・いけない場所、上ってよい場所・いけない場所をみんなで確認します。ポイントは、F ちゃんだけではなく、クラス全員のルールとすること。そして、「ここはよいけど、ここはダメ」のように〇と✕を対比させて伝えることです。

園庭は走ってもいいけど

ここはダメです

まねする力
の
視点から

● 「あそび＝走る」というパターンが決まっていて、ほかに
レパートリーがないのかもしれない。

⬇

動きたい欲求を満たすあそびを提案する

動きたい欲求は満足させつつ、危険のないあそびを提
案します。

左右で違う動き（右手で三
角形を作り左手は四角形を
作る　など）をする。

片足跳びで何回ジャンプ
できるか、競争する。

せーの！

助走をつけずにどれだけ
遠くに跳べるかを競争。

やり取り
の力
の視点から

● 興奮すると、普段できることが
できなくなるのかもしれない。

⬇

興奮に置きかわる動きであそぶ

一度興奮すると、そ
れを下げるのには時
間がかかります。少
し複雑な動きのあそ
びで、興奮しすぎる
前に下げる工夫をし
ましょう。

片足で5回ジャンプしてから20
数える。いちばん早い人が勝ち。

「右手をおなかに当てて、
左手を左足の裏にくっつ
ける」など、ちょっと難
しいお題を出す。

Part.3

気になる CASE 9
Kちゃんは、一人でおもちゃあそびをしていることが多く、あまりおしゃべりをしません。

Kちゃん（5歳児）

行動発達心理学の視点から

理解力はあるのに、表現し、発信することが少ないKちゃん。言葉による「伝える力」と「やり取りの力」とを併せて考えてみましょう。

いつも好きなおもちゃであそんでいて、自分から話すことは少ないけれど、「これ何？」と聞けば答えることができます。発する言葉は少なめですが、「○○って言うんだよ」と教えると覚えられるようです。ほかの子にかかわることはほとんどありませんが、欲しい物をほかの子が使っていると、黙って取ってトラブルになることがあります。家庭では、欲しい物が取りづらい所にあっても、椅子などを使って自分で取り、家族の助けを求めないそうです。

> やり取りの力

> 伝える力

見る力 20
聞く力 19
まねする力 19
14
10

そこで担任は…

友達とトラブルになってしまうのは、言葉でのコミュニケーションがうまくいかないからだと思い、Kちゃんの言葉を引き出そうと、質問をするようにしています。しかし、「質問→答え」で終わってしまいます。言葉の理解度は高く、集団に向けた言葉かけで行動できていて、手のかからない子という印象のKちゃん。そのため、つい対応が手薄になってしまっているのでは……という気もしています。

●見る力 チェックリスト

1	ボールや人の動きを目で追う。	2
2	1対1のかかわりの場面で相手の顔を見る。	2
3	あそんでいるときやうれしいときに、笑顔で視線を合わせる。	2
4	大人が指した所に注目する。	2
5	遠くの物 (車・飛行機など) を指した方向に注目する。	2
6	興味をもった物を持ってきて他者に見せようとしたり、その場に連れて行ったりする。	2
7	興味をもった物を指さして、相手に見せようとする。	2
8	あそびに集中していても、周囲の状況に気づく。	2
9	紙芝居や絵本に最後まで注目し続ける。	2
10	集団場面で話し手に注目し続ける。	2
	見る力 計	20

●聞く力 チェックリスト

1	名前を呼ばれると、相手を見たり返事をしたりする。	2
2	身体部位の名称 (頭・鼻など) を言うと、そこを見たり指さしたりする。	2
3	身の回りの物の名称 (靴・トイレなど) を言うと、そこを見たり指さしたりする (20種類程度)。	2
4	食べ物の名前を言うと、それを手に取ったり指さしたりする (20種類程度)。	2
5	「しないで」「待って」などの指示に応じる。	2
6	身振りを伴う簡単な指示 (「ちょうだい」「立って」など) に応じる。	2
7	二語文の指示 (「○○先生に渡して」「上に置いて」など) に応じる。	2
8	2つの連続した指示 (「いすを片付けてから、ドアの所に並んで」など) に応じる。	2
9	集団場面での指示に応じる。	2
10	あそびに集中しているときでも、話しかけると適切に反応する。	1
	聞く力 計	19

●まねする力 チェックリスト

1	グー・チョキ・パーをまねする。	2
2	ジャンプ・足踏み・くるくる回るなど、大きな動作をまねする。	2
3	左右の異なる動き (右手は横、左手は上) をまねする。	2
4	手あそびをまねする。	2
5	保育者や友達のあそび方をまねする。	2
6	笑顔や怒った顔など、表情をまねする。	2
7	単語をまねて言う (10語程度)。	2
8	二語文をまねて言う (「お茶ちょうだい」「電車、走ってる」など)。	2
9	集団場面で前に出ている人 (保育者など) のまねをする。	1
10	集団場面で流れ全体をまねする。	2
	まねする力 計	19

●伝える力 チェックリスト

1	名前を呼ばれると「はーい」と返事をする。	2
2	「ママ」「タタ」など繰り返しの言葉を言う。	2
3	「バイバイ」「いただきます」などのあいさつを自分から言う。	2
4	身体部位の名称を言う (5か所程度)。	2
5	身の回りの物の名称を言う (10語程度)。	2
6	欲しい物を言葉で要求する (10語程度)。	1
7	「やって」「開けて」など、手助けを言葉で要求する。	1
8	拒否の言葉 (「やらない」「やめて」など) を使う。	1
9	二語文 (「ボールちょうだい」など) を話す。	1
10	三語文 (「大きい虫、見つけた」など) 以上を話す。	0
	伝える力 計	14

●やり取りの力 チェックリスト

1	保育者から離れてほかの子どもとあそぶ。	2
2	自分から「あそぼう」「入れて」など声をかける。	1
3	1つのおもちゃでほかの子どもと一緒にあそぶ。	0
4	おもちゃがなくても、ほかの子どもと一緒にあそぶ (おいかけっこ・くすぐりっこなど)。	0
5	ほかの子どもとおもちゃの交換をする。	1
6	おもちゃや遊具などの順番を待つ。	1
7	あそびの中での役割分担をする (オニ役・お母さん役など)。	1
8	「○○してから△△しようね」の指示に、かんしゃくを起こさずに応じる。	1
9	予定が変わっても、説明すればかんしゃくを起こさずに応じる。	2
10	「おしまい」「あとで」など、あそびを区切る言葉の指示に応じる。	1
	やり取りの力 計	10

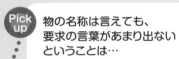

Pick up 物の名称は言えても、要求の言葉があまり出ないということは…
●語い数が少ないのかもしれない。

Pick up 友達とあそぶことがなく、やり取りの言葉が少ないということは…
●言葉を使わなければいけない機会が少ないのかもしれない。

Pick up あそびの中でのやり取りや、拒否の言葉があまりないということは…
●伝え方がわからないのかもしれない。

part.3

117

Kちゃんへの支援を考えてみよう

Pick up で示した考え方（仮説）に基づいて、Kちゃんへの支援を考えてみました。

伝える力 の 視点から

●語い数が少ないのかもしれない。

↓

語いを増やすあそびを楽しむ

（ジェスチャーゲーム）　※これは「語いを増やすあそび」の中でも、動作の言葉（動詞）を増やすあそび。このほか名詞を増やすあそびとして、P.121の紙皿シアターもお勧めです。

①動作を示す絵カードを用意する。

　　動作の例…食べる、飲む、洗う、渡す、跳ぶ、ける、走る、投げる、転ぶ　など

②カードを見せて、何の動作かを答えてもらい、保育者がその動作をジェスチャーでやってみせる。

おにぎりを食べているカードを見せて、子どもが「食べる」と答えたら、保育者がモグモグと食べているジェスチャーをする。

③②をいろいろなカードで繰り返す。

④次に、カードを見せずに保育者がジェスチャーで表現し、子どもたちがなんの動作をしているかを当てる。

⑤慣れてきたら子ども1人が前に出て、カードを1枚選び、その動作をしてほかの子どもたちが当てるゲームに展開する。

コップで飲む動作をして、子どもたちが「飲む」と答える。

伝える力の視点から　**やり取りの力**の視点から

●言葉を使わなければいけない機会が少ないのかもしれない。

話さなければならない場面を作る

保育者に働きかけなければならない機会を作ります。例えばお絵かきの場面で、色鉛筆の色数を少なくする、紙は1枚ずつ配るなどして、「○○貸して」「紙ちょうだい」「できた」などの言葉を引き出します。その際、「○○が欲しいときは『貸して』って言ってね」など、あらかじめ伝えたり、保育者がモデルを示したりすると、やり取りがしやすくなるでしょう。

買い物ごっこでやり取り

果物や食べ物のおもちゃを用意し、お店屋さんとお客さんに分かれてお買い物ごっこ。
「いらっしゃいませ」「○○ください」「はい、どうぞ」「ありがとう」など、ある程度のセリフを伝えて、子どもが一人でできないときは、保育者が「○○買ってきて」と声をかけてサポートします。

※絵や写真のカードでもよい。

Part.3

Kちゃんへの支援を考えてみよう

伝える力 の視点から　**やり取りの力** の視点から

●伝え方がわからないのかもしれない。

トラブルを予防する

子どもが何か欲しそうにしながらも、言葉がなかなか出ないときは、「○○って言ってみたら」とヒントを出します。

なお、クラスの年齢や発達にもよりますが、物の取り合いを減らすためにおもちゃや道具を複数用意しておくのも1つの方法。その際、種類を増やすのではなく同じ物を複数に増やします。

※成長とともに、あえて数を制限して、貸し借りのやり取りを学ぶ機会を作ることも大切です。

クールダウンする

どうしたらよかったかなー

友達とトラブルになったときは興奮していることが多いので、まずはクールダウンさせましょう。可能であれば静かな場所に移動します。興奮しているときには保育者の言葉も入らないので、「いけない」ということだけが伝われば十分。興奮が収まってから、場面を振り返ってどうすればよかったのかを一緒に考えます。できれば保育者を相手にやり取り（例えば「貸して」「あとで」など）してみましょう。

うまくいっているときこそ声をかけ認める

トラブルが起きていないときは、見守るだけで褒め言葉などの声かけが少なくなりがち。うまくかかわって、落ち着いているときこそ、「Kちゃん、上手に貸してって言えたね」「仲良く2人であそべているね」などの声かけを十分にしていきましょう。

伝える力を **はぐくむ おもちゃ**

伝える力をはぐくむあそびとして、語い（名詞）を増やすあそびをご紹介。簡単に作れる紙皿のおもちゃを使って行います。

(紙皿シアター)

〈作り方〉
①紙皿を2枚用意し、1枚にイラストを描くか写真を貼る。
②2枚とも、中心まで1本切り込みを入れる。
③白の紙皿をイラストの紙皿の上に重ね、切り込み同士をかみ合わせるようにして紙皿を回すと、徐々に中のイラストが見えてくるようになる。

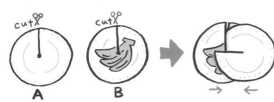

〈あそび方〉
「何が出てくるかな〜？」と言いながら、少しずつ絵を見せて、子どもたちに答えてもらう。

気になる
CASE 10

明るく元気なLちゃん。思い通りにならないとかんしゃくを起こし、友達とトラブルになることも。

Lちゃん（5歳児）

Lちゃんは、言葉が達者で、機嫌がよければ集団活動にも問題なく参加できます。ただ、自分の思い通りにならないとかんしゃくを起こして周りの子に乱暴したり、走って部屋から出て行ったりしてしまいます。

また、勝ち負けへのこだわりが強く、自分が負けそうになると「もうやらない！」と怒って、すごろくやカードをぐちゃぐちゃにしてしまうことも……。

順番を守ったり1つのおもちゃを交代で使ったりするのも苦手で、友達とのトラブルが絶えません。

「やり取りの力」が極端に低いLちゃん。この力の基となる4つの力は育っているので、それをうまく使えるよう、経験を積み重ねていくことが必要です。

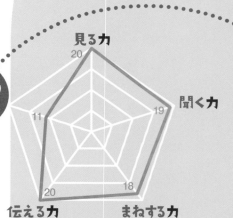

やり取りの力

見る力　20
聞く力　19
まねする力　18
伝える力　20
11

そこで担任は…

基本的には楽しく生活できているので見守っていることが多いのですが、かっとなると衝動的に手が出てしまい、止めるのが間に合わず、対応が後手に回っています。

かんしゃくを起こしたときは、落ち着くまで一人にし、落ち着いてからどうすればよかったのかを話します。そのときは、静かに聞いて理解しているようですが、すぐにまた同じ行動を繰り返して……。いっこうに衝動性がなくなりません。

●見る力 チェックリスト

1	ボールや人の動きを目で追う。	2
2	1対1のかかわりの場面で相手の顔を見る。	2
3	あそんでいるときやうれしいときに、笑顔で視線を合わせる。	2
4	大人が指した所に注目する。	2
5	遠くの物（車・飛行機など）を指さした方向に注目する。	2
6	興味をもった物を持ってきて他者に見せようとしたり、その場に連れて行ったりする。	2
7	興味をもった物を指さして、相手に見せようとする。	2
8	あそびに集中していても、周囲の状況に気づく。	2
9	紙芝居や絵本に最後まで注目し続ける。	2
10	集団場面で話し手に注目し続ける。	2
	見る力 計	20

●聞く力 チェックリスト

1	名前を呼ばれると、相手を見たり返事をしたりする。	2
2	身体部位の名称（頭・鼻など）を言うと、そこを見たり指さしたりする。	2
3	身の回りの物の名称（靴・トイレなど）を言うと、そこを見たり指さしたりする（20種類程度）。	2
4	食べ物の名前を言うと、それを手に取ったり指さしたりする（20種類程度）。	2
5	「しないで」「待って」などの指示に応じる。	2
6	身振りを伴う簡単な指示（「ちょうだい」「立って」など）に応じる。	2
7	二語文の指示（「○○先生に渡して」「上に置いて」など）に応じる。	2
8	2つの連続した指示（「いすを片付けてから、ドアの所に並んで」など）に応じる。	2
9	集団場面での指示に応じる。	2
10	あそびに集中しているときでも、話しかけると適切に反応する。	1
	聞く力 計	19

●まねする力 チェックリスト

1	グー・チョキ・パーをまねする。	2
2	ジャンプ・足踏み・くるくる回るなど、大きな動作をまねする。	2
3	左右の異なる動き（右手は横、左手は上）をまねする。	2
4	手あそびをまねする。	2
5	保育者や友達のあそび方をまねする。	2
6	笑顔や怒った顔など、表情をまねする。	2
7	単語をまねて言う（10語程度）。	2
8	二語文をまねて言う（「お茶ちょうだい」「電車、走ってる」など）。	2
9	集団場面で前に出ている人（保育者など）のまねをする。	1
10	集団場面で流れ全体をまねする。	1
	まねする力 計	18

●伝える力 チェックリスト

1	名前を呼ばれると「はーい」と返事をする。	2
2	「ママ」「タタ」など繰り返しの言葉を言う。	2
3	「バイバイ」「いただきます」などのあいさつを自分から言う。	2
4	身体部位の名称を言う（5か所程度）。	2
5	身の回りの物の名称を言う（10語程度）。	2
6	欲しい物を言葉で要求する（10語程度）。	2
7	「やって」「開けて」など、手助けを言葉で要求する。	2
8	拒否の言葉（「やらない」「やめて」など）を使う。	2
9	二語文（「ボールちょうだい」など）を話す。	2
10	三語文（「大きい虫、見つけた」など）以上を話す。	2
	伝える力 計	20

●やり取りの力 チェックリスト

1	保育者から離れてほかの子どもとあそぶ。	2
2	自分から「あそぼう」「入れて」など声をかける。	1
3	1つのおもちゃでほかの子どもと一緒にあそぶ。	1
4	おもちゃがなくても、ほかの子どもと一緒にあそぶ（おいかけっこ・くすぐりっこなど）。	1
5	ほかの子どもとおもちゃの交換をする。	1
6	おもちゃや遊具などの順番を待つ。	1
7	あそびの中での役割分担をする（オニ役・お母さん役など）。	1
8	「○○してから△△しようね」の指示に、かんしゃくを起こさずに応じる。	1
9	予定が変わっても、説明すればかんしゃくを起こさずに応じる。	1
10	「おしまい」「あとで」など、あそびを区切る言葉の指示に応じる。	1
	やり取りの力 計	11

Pick up **あそびの中でのやり取りの言葉があまり出ないということは…**

●友達と協力して楽しくあそべた経験が少ないのかもしれない。

Pick up **順番を待つことや交代が苦手ということは…**

●「待つ」ための練習や工夫が必要なのかもしれない。

Pick up **勝ち負けのあるあそびがうまくできないということは…**

●負けることへの耐性が低いのかもしれない。

part.3

Lちゃんへの支援を考えてみよう

 で示した考え方（仮説）に基づいて、Lちゃんへの支援を考えてみました。

**やり取り
の力**
の視点から

●友達と協力して楽しくあそべた経験が少ないのかもしれない。

↓

友達と協力するあそびを工夫する

友達と力を合わせるあそびを行って、協力する楽しさ、うれしさを経験しましょう。

風船運び

①タオル（または手ぬぐい）の四隅を2人で持ち、その上に風船を載せる。

②風船を落とさないよう息を合わせて進み、コーンなどを回って戻ってくる。

Point

風船をゴムボールにすると、安定して移動が楽になる。また、タオルの代わりに新聞紙を丸めて作った棒2本で運ぶと少し難しくなる。

フープ通し

1グループ6人程度。1列になって手をつなぎ、合図とともに端の子どもからフープを通していく。
両端の子どもは片手が自由になるので、空いた手で手伝ってもよいというルールにしておくと、協力し合う雰囲気が高まる。

● 「待つ」 ための練習や工夫が必要なのかもしれない。

「待つ」 練習をくり返す

待てない子が待てるようになるには、少し時間がかかります。次のような点に気をつけながら、「待つ」 機会を作って練習していきましょう。

1. わかりやすくルールを伝える
「10数えたらおしまい」「1人3回ずつ」 などのルールを決め、それを伝える。また、順番を待つときには、どうやって待てばよいのか (座って待つ、指示があるまで待つなど) と同時に、何をしてはいけないのか (押さない、線を越えてはいけないなど) を伝える。ルールを伝えるときには、必ず 「よい」 と 「悪い」 をセットにして伝えるのがポイント。

2. 待ち時間は最小限に
長時間待ってたくさんあそべるより、1回のあそび時間は短くても待ち時間が短いほうが子どもは待てる。待つ時間がちょっとだけ→ 「じゃあ待ってもいいか」 と思えて、かんしゃくを起こすこともなくなってくる。

3. 待つ間の気を紛らわせる
待ち時間や活動の合間などにトラブルが起きがちなので、待っている間も楽しい時間になるようにひと工夫。しりとり、早口言葉などその場でできるあそびを考える。

4. 上手に待てたら十分褒める
いちばん長く待てた子、上手に座って待っていた子、横入りしないで待てた子などを、みんなの前で十分に褒める。「待ったら褒められる」 という経験を積むことで、待つことが、「かっこいいこと」 になる。

L ちゃんへの支援を考えてみよう

**やり取り
の力**
の視点から

●負けることへの耐性が低いのかもしれない。

↓

勝ち負けをゲームとして楽しむ

「勝ち負けは数の大きさだけでは決まらない」ことを体験するゲーム
を楽しんでみましょう。

①1から順に数字を書いたカード（人数分）
を裏返しに並べ、保育者を含め1人1枚ず
つカードを取る。

②いちばん大きな数の子といちばん小さな数
の子を確認（おそらくここで大きな数の子
は喜ぶ）。

③保育者のカードの数字を発表し、その数に
いちばん近い数のカードを持っている子
（前後2名）が勝ち。「いちばん小さい数が
勝ち」としても。

Point

勝ち・負けの価値を低くする
小さな負けを経験して、勝ち負けへのこだわりを少しずつ減らしていきます。勝って
も負けてもサラッと次に進めて、あまり勝ち負けを意識させないことが大切。悔しそ
うにしてもあまり取り合わず、「はい、もう1回」と次に進めます。何回も勝ち負けを
経験することによって、1回の勝ち・負けの価値を低くするのです。

かっこいいキーワードを使う

間違いや失敗に過剰に反応することがあるので、「少しくらい失敗しても大丈夫」ということを伝えます。失敗したときのおまじないの言葉（「大丈夫、大丈夫」「ま、いいか」「どんまい」「次、次」など）を決め、保育者が「本日のかっこいいワード」としてその言葉を積極的に使います。子どもがその言葉を言ったら、「お、かっこいいね！」と大げさに褒めましょう。言葉の力は偉大なので、こうした言葉を使うだけで自分の気持ちをコントロールできるようになっていきます。

工作の場面で「切りすぎちゃった。ま、いいか」。塗り絵の場面ではみだして「あ、はみだしちゃった。ま、いいか」など。

やり取りの力を**はぐくむおもちゃ**

「やり取りの力」をはぐくむうえで大切な、待つ、交代する、小さな勝ち負けを経験するなど、いろいろな要素が詰まったあそびです。

〔手作りすごろく〕

「ぞうのまねをする」「すきなたべものをいう」など、子どもたちが楽しめるお題を入れてすごろくシートを作る。字が読めない場合は、絵や写真で表現して保育者が言葉で補うようにする。

⬤ **起こりがちなトラブルへの対応**

●サイコロを転がすときにコマにぶつかってしまう場合には、シートとは別の場所にサイコロ振りスペースを用意する。
●コマを動かすときにほかのコマに触ってしまったり、怒って場をぐちゃぐちゃにしたりしそうな場合は、すごろくシートをホワイトボードに貼り、マグネットのコマで動かすようにするとよい。

Profile

監修 山本淳一
<ruby>山<rt>やま</rt>本<rt>もと</rt>淳<rt>じゅん</rt>一<rt>いち</rt></ruby>

慶應義塾大学文学部心理学専攻・教授。文学博士。専門は発達心理学、臨床発達心理学、応用行動分析学。発達障がいのある乳幼児・児童への、応用行動分析学を軸にした発達臨床研究を進めている。公認心理師, 臨床心理士, 臨床発達心理士

著 松﨑敦子
<ruby>松<rt>まつ</rt>﨑<rt>ざき</rt>敦<rt>あつ</rt>子<rt>こ</rt></ruby>

三育学院大学看護学部・准教授。博士（心理学）。専門は発達心理学、応用行動分析学、小児看護学。応用行動分析学を基盤とした発達支援、支援者支援、保護者支援に関する研究をしている。臨床発達心理士, 看護師, 音楽療法士

Staff

●表紙・カバー・本文デザイン　長谷川由美　千葉匠子
●本文イラスト　野田節美
●編集　小林留美
●校閲　草樹社